Milly × Seoul

Milly 的首爾情緒風景

不追韓星、不吃路邊小吃、不去汗蒸幕，
找到另一種品味首爾的方式

目 錄

新沙站路樹街
風格咖啡屋、流行服飾

狎鷗亭
時尚美食

清潭洞
富太名流、時尚男女的出沒地

弘益大學商圈
咖啡屋朝聖

梨泰院

現代設計風情

三清洞

悠閒漫步

品味首爾憧憬 HOTEL

仁寺洞
觀光客大歡迎

孝子洞
時光停滯

不追隨韓流明星的首爾品味

以這樣的開端來說首爾或許不是太適切，但要將話說在前面的是，Milly 明明不是絕對偏愛韓國的首爾，卻在七、八年內去了四次，該說是緣分或是天意?! 前三次的首爾旅行都是在「順便」、「隨意」、「被動」的前提下，真正正面面對首爾耳傳中的魅力，則是在二〇一二年夏天八月二十四日到九月二日間的十天行程。

第一次去首爾是以助理的身分陪同友人工作，助理的工作輕鬆，自由活動的時間不少，於是就多年已經透過電視節目、觀光宣傳的首爾印象來觀看首爾。說是觀看，是因為沒有過多的成見卻也沒有過多的期待，只是想觀看原本只是存在於畫面中的這個城市，實際踏上實際去消費是什麼感覺。

回憶起來，那時韓流這名詞還沒有那麼強的熱度，韓國的流行潮流還不像現在滲透於年輕人和熟女之間。首爾對於 Milly 來說就像是馬來西亞的吉隆坡、泰國的曼谷、英國的倫敦一樣，不過是一個沒去過的城市而已。

不熟悉的城市，最簡易（或說是最偷懶）的參觀方式就是一日遊的觀光巴士，透過飯店櫃檯旅遊資訊的報名，參加了「景福宮半日觀光巴士遊」、「板門店一日遊」，之後以手指書上圖片的方式在小吃攤吃了最期待一吃的，放了泡麵的「部隊鍋」，四天三夜的行程只是淺嘗了一下首爾而已。

第二次是出差的形式，機票住宿一樣是免費。

不同的是同行的同事會韓文，到達漢城當天晚上就去洗了光溜溜的搓泥巴澡，正式名稱該怎麼說（笑）？一般都說是「搓澡」，很直接的說法，說是搓汗垢也很貼切，一趟下來還真懷疑自己身上居然可以出現這麼多汗垢。極為震撼的經驗，脫得光光的被安排躺在不鏽鋼床上，讓穿著黑色內衣（優雅些該說是黑色比基尼，但是仔細看真的就不過是內衣）的歐巴桑，毫無遮掩的任意全身上下大搓泥，最後用水桶一桶桶的很豪邁的潑到身體上沖水，試過一次難忘但不想去第二次。

也去了「汗蒸幕」也是難忘的經驗，一堆人到處橫躺著然後吃著煮蛋看電視玩電動。羊角頭包頭浴巾，同事想示範但沒成功。

那次在韓文通同事引領下，生吃了「醃螃蟹」、喝著真露酒配上碳烤五花肉包菜、幾個女子熱熱鬧鬧的吃著韓國家庭料理、品味老字號的「蔘雞湯」、一個人更去挑戰了一大份的鐵板雞肉、吃了放上刨冰的韓式冷麵，說到道地、在地的首爾遊，那次真是樣樣都嘗試了，甚至還大言不慚的下了結論，首爾已經體驗完成可以納入「去過」的檔案，不用再去了。

在第二次首爾行後的四、五年，再次踏上首爾則是一次無心插柳的出發。跟友人出來喝咖啡說是非聊未來，好友手上有本韓國人寫的首爾咖啡屋中文譯本，隨意一翻後驚訝於首爾居然很多咖啡屋空間意外的不錯（或許只是無知而不該說是意外）。

好友計畫想去首爾，Milly 當時剛好計畫短期要去香港，於是聊著聊著就想兩個人房費分攤也划算，多了個伴去玩也會多些遊興，於是在那天之後的不到一個月內就出發去了首爾，行程是台北、首爾、香港、台北的動線。那趟二○一○年冬日的首爾行，藉由一本韓國人寫的咖啡書、出版社給的兩本不同方位的首爾書，連同一些已經置放在身體裡的「日本風格咖啡屋體驗直覺」，讓 Milly 重新找到了一個可以喜歡首爾的消費方式，也讓二○一二年夏日的首爾都會小旅行，多了些可以試圖去發掘首爾不同面向的信心和動機。

要知道首爾是怎樣一個城市，最直接的方式自然是透過韓國的官方網站「韓國觀光公社」（big5chinese.visitkorea.or.kr）。

以大輪廓來看，首爾是擁有六百年以上悠久歷史的韓國首都，是政治、經濟、文化、教育的中心地。針對外國旅客主要的觀光資源是「景福宮」、「昌德宮」等史蹟，還有「北村韓屋村」、「仁寺洞」、「南大門市場」等洋溢著傳統文化風貌的空間。以往要觀光客掏出錢來購買的是「高麗人蔘」、「海苔」和「泡菜」，現在則是以韓星美男代言的保養系列商品、所謂世界經濟低迷下的平價時尚服飾（fast fashion）以及偶像娛樂事業的周邊商品。

美食基本上是一個「辣」字，烤肉、辣年糕、人蔘雞、石鍋拌飯、海鮮煎餅等等，大家都不會陌生。

至於可以進一步好奇的資訊則是，首爾人口密集幾乎佔了總人口數的四分之一，因此即使是鬧區也簡單可以看見林立的公寓。實際在街上行走，也會感受到人潮的熱氣。地理位置以穿越的漢江為界線分為南北兩大區，江的北側是以王宮為中心發展的明洞、鐘路、梨泰院，江的南側則是江南、三成、狹鷗亭、新沙等。

搭乘巴士移動難度較高，因為首爾很多巴士多是「環狀循環線」，在哪一個方向搭車才好常常讓人很困擾，更別說站牌上都是有看沒懂的韓文站名，要入門真是要有些時間和迷路的覺悟才行，只是一旦抓住了訣竅，意外的可以少走很多路，Milly 以為是值得偶爾探險的移動方式。

搭計程車相對來說比其他國際都市算是便宜，不過幾天下來很深刻的體會到首爾塞車的嚴重度，要合理又快速的移動，結論幾乎就是：「多多利用那路線密布的地鐵」。買一張儲值卡「T-Money」，利用機器加值有中文說明，入門簡單。平均一段路程的票價，是一〇五〇韓圜。首爾地鐵有推出所謂的一到七日無限搭乘的「M-PASS」（Metropolitan Pass），不過要不是活動力很強，Milly 倒是以為不必傷腦筋去利用。

探訪首爾的態度

出發前依然自己給了自己一個主題方向，關於消費。

「不去汗蒸幕」、「不吃泡菜豆腐鍋」、「不韓流追星」、「不在開架式化妝品店掃貨」。

「吃美食、追明星、血拚，首爾讓你一次玩透透！」這樣的標題，不會出現在 Milly 首爾的路線中。以上的事情不是反對，只是單純不是最渴望去體驗的。這樣列舉多少有些惹人不愉快的自以為是，在自我反省中也以為不是太好，盡量希望態度上和體驗上，不要出現過多的偏見。但是因為是自己的旅行，還是要有一定的態度和堅持才好。可是，去除了以上的這些那些，首爾還剩下什麼?! 或許期待過大或許過於自信，但 Milly 相信一定還有什麼是存在於這近年來頗受矚目的耀眼大都會中的，沒有韓星、韓劇、韓國偶像的光環，沒有東大門便宜衣飾的首爾，必定還是有其魅力，只要放下偏見和既定的印象去好奇探訪。

出發前也提示自己不要在首爾複製東京的步調、不要在首爾的角落執著東京的樣式、不要以東京的偏愛去挑釁首爾的可能性（笑），「首爾就是首爾」！這一點是要確認的。不期待也不給自己太大的題目，不會試圖以「首爾通」的角色去分享這城市的全貌。只是一個經過自我滿足的體驗後的分享，只是一種帶著些小小做作、參雜著些自我滿足的 Milly 喜歡首爾的方式。

以消費去好奇去喜歡

預約了幾間從以前就憧憬住宿的首爾旅店，諸如「W-HOTEL」、「PARK Hyatt」，然後以旅店坐落的地點，沿路散步逛著「新沙洞（路樹街）」、「狎鷗亭」、「清潭洞」、「弘大」、「梨泰院」、「三清洞」等區塊。明洞和東大門會放入行程，但沒列入喜歡的消費名單中。

沒有絕對特定非去不可的地方，樂趣只是在那些有「想法」、有「設計意念」和有首都都會魅力的「洗練」品味空間。主體是「都會視覺」加上「舒適情緒」，如果能「滿足好奇」則更佳。以自己的態度去面對一個城市，是一個小小的堅持，不貪心不急躁，只是順著自己的喜歡前進。

如何 ?! 就跟 Milly 一個個區域去逛逛吧。

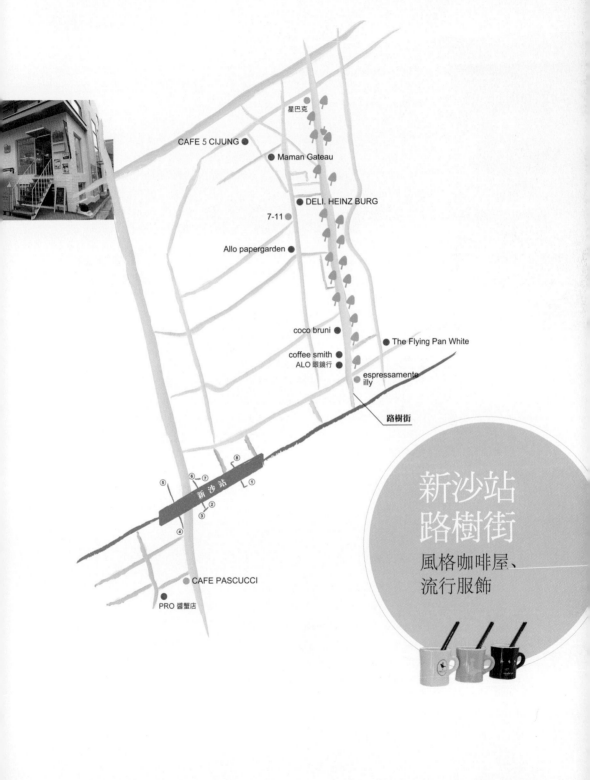

星巴克

CAFE 5 CIJUNG ●

● Maman Gateau

● DELI. HEINZ BURG

7-11 ●

Allo papergarden ●

coco bruni ●

● The Flying Pan White

coffee smith ●
ALO 眼鏡行 ●

espressamente
illy

路樹街

新沙站

⑧

⑥ ⑦
⑤   ①
                ②
            ③
        ④

新沙站
路樹街
風格咖啡屋、
流行服飾

● CAFE PASCUCCI

PRO 醬蟹店

首先是讓 Milly 對首爾印象改觀契機之一的「新沙」，更精準來說這喜歡的區域是位在新沙的「路樹街」，韓文發音是「Garosu-gil」，更是日本人最愛的「カロスキル」。

長約六百七十公尺，快步從街頭到街尾不過是十五分鐘距離不到的「路樹街」（Garosu-gil）是首爾流行的發信地，氣氛上像是日本東京的南青山、代官山。前往的方式最直接也最容易的是，搭乘二號線地鐵在「新沙站」（Sinsa）下車，從八號出口出來後直走在第三個街口轉入，就可以到達路樹街的街口。或是可以從狎鷗亭一路逛過去，不過要有心理準備路程不是太近，距離約為六百公尺。

從狎鷗亭站四號出口出來後一直向前走一直向前走，在左手邊看見一條兩旁種植著銀杏大樹，有些下坡感覺的街道就是路樹街了，或是計算一下大約是第四個街口的位置。在路樹街行走擦身而過的，不誇張！真是壓倒性的幾乎都是日本人。每個人也幾乎都是手上一本最新的女性雜誌，參考著其中的路樹街購物推薦。

像是北歐雜貨屋「marimekko」、熟悉的國際品牌「FOREVER21」、「ZARA」、「LACOSTE」等。另外是韓國人氣流行商品的「ALAND」、韓國服裝設計師名店「Kim`s Boutique」、流行服飾店「NYLONPINK」、「SPICY COLOR」、「ISNANA」、「103」等也都是日本服飾雜誌的主力推薦。價位上自然會比「東大門」、「明洞」等購物區單價高，但是光是看櫥窗就很愉快，看見適合自己的衣服心動也難免忍不住的拿出荷包貢獻一下。只是說到購物和流行服飾真是個人取向很分歧，論逛街氣氛，自己是偏愛這裡多過東大門這點則是毫無疑問的。Milly 不擅長購物，喜歡的是這條時尚街道中店與店之間，穿插的咖啡屋時間。

以下的路樹街咖啡屋消費漫步，是從新沙站走過去的動線。

從路口進去，首先最明顯的店家是右手邊的「SCHOOL FOOD」和「illy 咖啡」。SCHOOL FOOD 有些像香港的「大家樂」，可以吃到典型的韓國料理，像是「辣炒年糕」、「冷麵」、「壽司卷」等，不適應站在街頭攤位吃辣炒年糕，在這樣的快餐店吃是變通的選擇。而從 illy 咖啡的巷子走進去，則是一間紅磚牆外觀有著白色突出陽台的咖啡屋「The Flying Pan White」。

1. 路樹街是日本旅人最愛的時尚區。2.CAFE W.e 門前有白色大油桶。3. 六百七十公尺的街有著多樣流行元素。

白色典雅的
The Flying Pan White

紅磚牆上有翅膀的白色圖案，本來以為是一隻飛翔的鴨子，仔細看看原來是飛翔的平底鍋。這是位在梨泰院的 the flying pan blue 姊妹店，招牌餐點是「全日供應早午餐」（All Day Brunch）和鬆餅，據說幾年前首爾開始風行在咖啡屋吃早午餐，之後為順應客人任性的需求，很多咖啡屋的菜單就多了這樣可以全天點餐的早午餐（breakfast ＋ lunch ＝ brunch）。如果是整天都可以吃的早午餐，還能算是在假日晚些吃的、可以兼作午餐的早餐嗎 ?!

的確是很微妙的感覺。

不像是日本很多都有美味精緻的手料理午餐，或是像台灣咖啡屋提供的調理包簡餐，韓國的咖啡屋除飲品外要吃些東西大多只有三明治之類的，能以這樣的早午餐當作午餐、晚餐或是豐盛些的下午茶也是一種變通。the flying pan blue 的早午餐以健康食材為中心，大量放入菇類和新鮮的番茄、蔬果等。

在梨泰院的是 the flying pan blue，在路樹街的是 The Flying Pan White，於是不意外的，路樹街的店內就是以「白色」為基調。整體是清新可愛風格，又以中央長條主桌上的低垂的水晶燈營造出高級感。「可愛而奢華」看似衝突，這咖啡屋的空間卻能協調兼具品味的呈現。此外店內為強化以女性客人為主要客層的氛圍，桌上長年都會插著鮮麗的花朵。

1. 店名的標誌是有翅膀的平底鍋。
2.&4. 一個懂得討好女子幸福情緒的咖啡屋。3. 美食的視覺饗宴。

The Flying Pan White

Add. 서울 강남구 신사동 540-22 번지 1 층
Open. 9:30 ～ 23:00，新年期間和中秋節休。
Menu. 有英文菜單，全天供應的早午餐是 ₩ 15000 上下。
Location. 二號線新沙站八號出口出來，直走在第四個街口進入，在右側 illy 咖啡旁巷內進去，就可以看見，距離新沙站路程約八分鐘。

Note. 韓國人雖在一月一日的新年也有慶祝，但傳統上還是以過舊曆新年為主，也就是我們的新年期間，韓國也是在過年。而所謂的秋夕（中秋節）是舊曆八月十五日的前後三日，韓國人會利用這段時間回鄉掃墓，很多店家全年無休，在這段時期也會關店停止營業。

時尚眼鏡行
ALO

如果真是要大塊分類路樹街店家的印象，會說從新沙站過去的路樹街入口看去的話，右手邊是服飾店偏多，而左手邊的大通旁和巷內則是餐飲店、咖啡店較多。當然這只是大略的印象分類，時間充分大可以先逛完右邊再回頭逛左邊，更建議將好奇化為能量的鑽入巷內去看看更好。

離開 The Flying Pan White 走回路樹街大通上會先看見星巴克，在星巴克旁是一間可以提供遊客配眼鏡的時尚眼鏡行「ALO」。

五萬韓圜內就可以為自己配好一副連鏡片的眼鏡，是送自己不錯的禮物。即使單價貴些的眼鏡也大約可以控制在十五萬韓圜內，一個小時內就可以交貨，逛完街剛剛好可以前去拿。眼鏡的價位是以顏色貼紙區分，例如紅色是四萬九千韓圜、黃色標籤是十二萬九千韓圜。在觀光擁擠的明洞也有這間 ALO 眼鏡行，店內可以用簡單的英文溝通。

ALO 眼鏡行

Add. 서울 강남구 신사동 536-9 번지 1 층
Open. 11:30 ～ 22:00，全年無休。
Location. 上述從新沙站走去路樹街上的路徑，到了入口往前走約一分鐘不到的左手邊路上。
Web. alostyle.tistory.com/73

逛街中途給自己
在 ALO 配一副
摩登眼鏡。

從路樹街口走過了那有三層樓空間的星巴克，會立刻看見一個很大型的、空間超大器的咖啡屋，也就是引領 Milly 認識路樹街的根源「coffee smith」。因為這間咖啡屋的存在，讓 Milly 開始對首爾「美好咖啡屋」期待值迅速飆高，更開始對路樹街這個區塊充滿憧憬。

上回是一大早的冬日前來，風景難免顯得蕭瑟很多。這次前來「路樹街」，那些高大的路樹生氣勃勃、綠意盎然，從店內看出去就更加愜意，說這咖啡屋是「城市中的綠洲」也不為過的讓人愜意起來。

不過，後來更喜歡上了在弘大的 coffee smith 分店，那裡的二樓座位看去的綠樹更是絕景，尤其是一大早可以獨佔整個寬敞空間更是大大幸福。

1. 選擇自己喜歡的角落。2. 挑高的空間讓人容易放鬆。

1.&2. 選擇自己喜歡的椅子。3. 拿鐵配上糕點的咖啡屋早餐。

coffee smith 特色是「大」，空間很大，挑高很高。

裸水泥牆面配上不同布墊的沙發和木桌椅，大膽粗獷中保留一定的細膩精緻。要在這裡上網更是絕對便利，幾乎每個位置旁都有電源插座，無線上網也很快速。而這咖啡屋在路樹街上很難在路過忽略的另一個大特色，就是店前有很寬敞的開放空間露天座，好天氣時點杯咖啡沉浸在歐美露天咖啡座的情緒中，是在疲累的購物旅行中可以善加利用的停歇點。

在櫃檯點了拿鐵和南瓜杯子蛋糕，點餐後會拿到一個小飛碟模樣的東西，咖啡好了小飛碟會震動，再去櫃檯拿就好，跟台灣的伯朗咖啡店流程大致相同。咖啡印象依然是好大一份量的一杯咖啡，拿鐵的水準是及格分數。咖啡拿鐵一杯是五千韓圜，夏天的刨冰也是大人氣，一份約是一萬兩千韓圜。

只是要留意的，畢竟是間大人氣的咖啡屋，下午過後尤其是週末，店內幾乎是座無虛席，點餐後要花些耐心等待。

coffee smith 路樹街店
Add. 서울 강남구 신사동 536-12 번지
Open. 9:00 ～ 26:00，全年無休。
Location. 路樹街入口進入，illy 咖啡和 SCHOOL FOOD 的斜對面。
Web. www.coffeesmith.co.kr

色彩繽紛的
coco bruni

同一條街上同樣搶眼卻跟 coffee smith 大異其趣走精巧精緻風的，是從 coffee smith 再過去一些些，同一面街道上的糕點咖啡屋 coco bruni。

coco bruni 在弘大地鐵站四號出口附近、狎鷗亭名店街、三清洞貼近景福宮的緩坡上都有華麗典雅的分店，Milly 則最喜歡這間位在綠樹街上，格局上規模較小，卻是在綠意大樹襯托下最有歐陸風情的分店。跟其他分店外觀大面積的採用白色基調不同，這間分店運用了大海的深藍色、純正的紅色來襯托出那白色的外觀，從對街看去這間有人會稱為「巧克力專門店」的咖啡屋時，甚至像是看著一面以藍白紅很法國顏色拼湊出來的美麗彩繪玻璃。

1. 鳥籠裝飾是 coco bruni 的視覺特色。**2.** 藍、白、紅組合的亮眼外觀。

1

一樓跟行人目光可以平視的座位區，以一整面牆柔和粉紅桃子色來妝點出浪漫，配上白色可愛桌椅，置身其中有身處繪本一頁中的錯覺。

這家店的識別標誌是一個騎在鳥上的古典少女。或許鳥是這咖啡屋的象徵之一，店內角落多數會吊掛著白色的鳥籠。咖啡屋內採用的杯盤、面紙類也都大量的運用少女和鳥圖案。

店內設有周邊商品區，是以黑白格子、粉紅、黑、白去設計的文具和咖啡杯等，不想多花錢去買這些可愛的周邊商品，拿一張店內放置的少女和黑鳥形狀的名片當作紀念品，也是一個不錯的收藏。

跟略偏向可愛氣氛的店家印象不同的是，這裡的咖啡可是非常講究力求專業，提供著水準頗高的 espresso 和以高級可可調製的可可咖啡。

咖啡 BAR 有專業的專職吧台手掌控外，糕點也都是由專業的糕點主廚擔當，巧克力是推薦的自信作，玻璃櫃內的水果糕點更是如寶石般耀眼。以往的印象以為首爾的蛋糕不是太吸引人，唯有這裡的蛋糕卻是很引人食慾的精巧又洋溢著高檔感。點心大約是五千韓圜、espresso 是三千五百韓圜。

1. 大膽的紅色牆面。
2. 不光是可愛還有好喝的專業咖啡。**3.** 店家獨創風格的雜貨角落。

coco bruni 路樹街店

Add. 서울 강남구 신사동 536-18 번지 신원빌딩 1 층 , 2 층
Open. 10:00 ～ 23:00，全年無休。
Location. 從新沙站八號出口出來，從路樹街入口進入，通過左側的星巴克和 coffee smith 即可看見。
Web. www.cocobruni.com

路樹街上絕對偏愛的
Allo papergarden

如果不是已經喝了咖啡或是還想多多逛逛服飾店，通常在通過了 coco bruni 後，就會左轉通過一小段巷子，前去一旁跟路樹街平行的大通上。雖說是大通但在車子和行人通過的數量上來看是遠遠不及路樹街的，似乎只能說是比較寬又較熱鬧的巷弄而已。

這條大巷弄的餐廳選擇很多，面向街道的餐廳多數有寬敞的露天座，進入黃昏後每間都會很快速的湧入下班的年輕男女在此聚餐聊天。

Milly 則喜歡在人潮還不多的上午漫步其間，然後毫不猶豫的在這條路上最搶眼的白色獨棟建築前停下，前去 Allo 的咖啡室喝杯咖啡。這是完完全全喜歡的一間咖啡屋空間，幾乎可以說是 Milly 心目中首爾咖啡屋的第一位置。

二○一○年第一次知道這咖啡屋是在此吃午餐，當時是選擇二樓開放廚房前的位置，點了海鮮沙拉配上泡菜炒飯，這菜色名稱看起來很普通，又都是傳統的韓風料理，店家卻能很都會感的呈現。

1. 夜晚的樣貌。2.Milly 在首爾最喜歡的咖啡屋之一。3. 好天氣下如 SUN-ROOM 的空間。

1.&2. 坐在窗邊的悠閒時光。3. 店家推薦的精選咖啡道具販售區。4.&5. 入口處有咖啡屋的品味周邊商品。

不光是料理的姿態很有架式，味道和份量也很扎實，是在視覺和味覺上滿足的一餐，雖說價位有些偏高，這樣一個配上杯白酒，單點沙拉和主食的午餐，大約要付出三萬韓圜上下的預算。

在首爾用餐的基本印象是，只要是正餐的點餐份量都很足夠，甚至一個食量不是太大的女生會嫌太多的份量。

二〇一二年八月延續著當時的好印象，再次轉進巷子來找尋 Allo 時，發現這本來就很有風貌的咖啡屋，有了更精采的蛻變。就是將一樓面街的那一面白牆，很大膽的敲開，開了一個大大的窗戶。不單單是開了一扇窗，而是開了好大的好震撼的一扇窗。

這高挑的大窗即使是小雨中也不會降下玻璃窗，而是讓它完全的開放著，跟街道上的空氣一起呼吸。同時很大膽的設計還有是將窗台開得很低，坐在面窗櫃檯位置喝咖啡的人，視野是幾乎跟路過的行人正面衝突的。整體的空間就是簡約＋大膽，大大方方氣度十足的空間高度，光線可以充充分分的灑入，一點都不客氣。

似乎是距離上回消費的一年多間，Allo 對空間有了重新的規劃，大門進去右手邊是「GOODS」周邊商品販售區、直走進去是用餐的空間「Allo」、左轉進去則是先看見一個很專業的咖啡吧台，那有著高聳天窗的咖啡屋空間「COFFEE」。

咖啡空間在上午十點就可以進入，點了杯五千韓圜的熱拿鐵坐下，很快的整個空間就充滿了帥哥吧台手操作咖啡機的蒸汽聲和咖啡香。

端上的咖啡以外帶杯裝出現，上面寫著「TALK SERVICE」。循著些微的訊息去追查，發現原來這空間本來是間服飾店「talk service」，變成純咖啡屋空間後依然延續著服飾品牌的名稱。

只是整體的動線和空間感上，這間命為 TALK SERVICE 的咖啡屋空間已經跟 Allo 用餐空間是完整一體的。此外，咖啡以外帶杯端出，這點也可以窺看到這咖啡屋空間實際上是以外帶杯為主，價位於是可以偏低些。

在牆邊和吧台一側都放著各式專業的道具，看來這裡還兼作咖啡教室。在細細的去品味這空間時，更不由得恍然以為這空間其實更像是一間「工作室」、「工房」，很開放又很自由風的。至於這美好空間的真正主角「咖啡」，則是水準級的好喝。

真的好喝，不是因為沖泡咖啡的吧台手真的很高很酷很帥喔（笑）。

「TALK SERVICE」是一個如果住在這新沙地區，在雨天、晴天、黃昏都想來喝杯好咖啡放放鬆的空間。

1. 份量十足的海鮮沙拉。2. 用餐空間的二樓有開放廚房。3. 有設計感的燈飾。

Allo 附近還有一間同樣讓人好奇的咖啡屋是 CAFE W.e. west'n east begin（簡稱為 CAFE W.e.），這間咖啡屋是以將韓風的甜品以洋風形式重新包裝呈現而大大有名，韓國很多電視節目都拍過外景推薦。更因為有太多日本雜誌介紹過，這店內連日都是充斥著日本人，於是菜單也有了日文。

Milly 那天的咖啡、點心胃已經超過負荷沒能去品嚐，有興趣路過的建議可以去好奇好奇。

Allo papergarden ／ TALK SERVICE

Add. 서울 강남구 신사동 520-9 번지
Open. 11:00 ～ 25:00，全年無休。
Menu. 有英文菜單
Location. 路樹街入口進入，通過左側的星巴克、coffee smith、coco bruni，在 coco bruni 一旁巷子左轉進去，往前走些就是 Allo。
Note. 網站資料都是說十一點開店，但 Milly 是在十點過後就去咖啡屋了，未免失誤還是會建議十一點再去。
Web. papergarden.co.kr

歐陸風情的
DELI. HEINZ BURG

沿著 Allo 前方的路徑，經過 7-11 後繼續向前，大約一分鐘不到就可以看見「DELI. HEINZ BURG」，這是在這區塊頗有名氣又有人氣的歐陸手工漢堡、三明治店。

如果是從路樹街上過去，一般都會說是從「FLOW」這間店旁的巷子轉進去，偏偏這看似不會歇業的店家卻歇業了。

致使原本很順暢的路徑指示又陷入迷亂（笑），因為韓文已經減去了大部分（幾乎是全數吧）的漢字表現，那些圈圈叉叉的韓文沒學過還真的很難判定。日文網站於是都會採取圖像的指引，可是這樣圖像的指引就會遇見這類做為指標的店家歇業的危機。

1. 木製的外牆。2. 販售歐陸食材的附設咖啡屋。

1

OK！說回正題，這是一間本業為販售歐洲加工食品公司所規劃的附設用餐空間，店內於是有著「起司」、「橄欖油」、「歐風發酵麵包」、「歐洲品牌啤酒」的販售空間。

店內的粗木紋桌椅和刻意裸露的天花板管線，讓空間多了些粗獷風貌。白色的椅子則很有功能的，將那粗獷舒緩些，增添柔和家庭風的舒適感。漢堡餐是不讓人失望的道地料理，跟男性友人同行，這樣的用餐選擇是可以參考的。

Milly 那天還因為好奇，點了跟別桌一樣的，用玻璃罐裝盛的「蘇打冰品」（註：Menu 是以 ade 標示，是一種以果汁、糖漿、蜂蜜調製的飲品類，DELI. HEINZ BURG 的這飲品則喝得到蘇打水的氣泡滋味）。在 ade 的薄荷、橘子、草莓等口味中，選擇了葡萄柚口味。

天氣熱，不自覺就想喝些冰涼飲料，更何況這飲品呈現的模樣如此有趣。真的就像是在一個中型的，放醃菜類的玻璃罐，放入了水果蘇打還在上面堆上尖尖的刨冰，清涼度於是更加倍。以份量來說，兩人共飲一份也是很充分的。

跟很多首爾的咖啡屋一樣，DELI. HEINZ BURG 也有寬敞的露天座，而且還是不論雨天或是冷天都可以利用的玻璃屋（Sun Room）規格的露天座。白天感覺很清新家庭風，夜晚在昏黃燈光下則是頗有都會氣氛。

1. 白天與晚上有不同表情。2. 美味可愛的小角落。3. 夏日限定的搶眼外觀冰品。

DELI. HEINZ BURG

Add. 서울 강남구 신사동 534-1 번지
Open. 10:30 ～ 23:00，新年和中秋節公休。
Menu. 有英文菜單和日文菜單，漢堡餐₩ 9500 到₩ 13000 之間。
Location. 還是會建議以目標最顯著的 Allo 為中心前進，看見 Allo 後繼續向前，經過 7-11 後，再往前些遇見第一條右側的巷弄，右轉後就可以看見 DELI. HEINZ BURG 招牌，店名是英文不是韓文，因此問路時顯示店名，附近的人應該也都可以指點。

美味焦糖蛋糕捲的
Maman Gateau

同樣是以 Allo 的位置往 7-11 方位前進，向前走幾步後，這次改為是左轉進入第一個遇到的巷口。到了巷內後直走一下右轉後持續向前，大約四百公尺後，會看見一間上下兩層很灑落風、二樓要從外面的階梯上去的咖啡屋「Maman Gateau」。

店內的主廚出過多本點心食譜，空間內還有點心教室，這樣專業的空間內販售的糕點，不好吃就有些意外了。

Maman Gateau 在法文的意思正是媽媽做的手工糕點，因此這間店顧名思義就是以手工糕點為主。這裡的焦糖口味蛋糕捲（五千韓圜）尤其是大受歡迎，喜歡吃蛋糕捲的人來到首爾不要錯過，畢竟在首爾可以吃到好吃蛋糕捲的蛋糕屋不是太多。

1. 糕點名人的咖啡屋。2. 白色與木色的完美搭配。

I

二〇一二年春天 Maman Gateau 轉移到現在的新建築內，裝潢比兩年前去的空間更清爽可愛，不知道是不是心理作用，以為一進來，空氣都有些甜甜蜜蜜的感覺。

這裡的點心不單是好吃，更講求都是採用有機農法生產的食材，吃下去也會安心。

夏天前去時，這裡的焦糖刨冰是讓很多人特定前來一吃的季節限定冰品，夏天幾乎每間首爾咖啡屋都會推出自家特色的刨冰或是冰品，有的是以賣相取勝、有的則是以口味為吸引點。

1. 不光是美味也重視有機。**2&3.** 討好女子的清新空間。

Maman Gateau

Add. 서울 강남구 신사동
524-27 마망갸또하우스 1 층
Open. 11:00 ～ 23:00 ;
週日 12:00 ～ 22:00
Location. 如前文
Web. www.mamangt.com

可愛就是可愛的
CAFE 5 CIJUNG

CAFE 5 CIJUNG 的 5 CIJUNG 是「做五首詩歌的心」的意思，好深奧的意味（據說也跟店主韓文名字的發音有相關聯）。深奧的店名咖啡屋散發出的卻是很簡單的意念，就是可愛，讓人在咖啡端上桌的一瞬間，就不由得會微笑起來的可愛。

小小的拿鐵杯內有著可愛小熊模樣的拉花、杯邊是坐在小鐵桶內的玩具小熊、放置咖啡的木盤上還放置著小小花朵的插花。

熱熱的 SCONES 也是以木盤端出，整個畫面就是可愛。

在這咖啡屋點飲品，不用特別加點，每份飲料都會附上那手工小巧的司康（SCONES），以這點來看當作晚些的早餐或是下午茶是很適宜的。此外，每份飲料旁放置的小物玩偶也每個人都不同，也是期待點之一吧。

1. 首爾的雜貨咖啡屋有著東京的風格。
2.&3. 綠意植物演出清新。4.&5. 每一個角落都很用心。6. 熱熱的 SCONES 也是可愛。

以白色、木紋為基調的咖啡屋空間，每個角落都放置著可愛的裝飾品、雜貨，讓人整個被可愛主題給包圍起來。

好在這可愛多數都是很清新又帶著些輕巧的，桌椅的選擇也刻意著重沉穩度，讓整體的氣氛不至於過於幼稚。

這樣一間像是很善於討好日本女子喜歡「可愛」的咖啡屋，出現在首爾其實還頗讓人意外。

這間位在路樹街的 CAFE 5 CIJUNG，距離 Milly 住宿在新沙時的「La Casa Hotel」只有三分鐘不到的距離。從咖啡屋前的街道一直向前走就是住宿的地方，於是每天來回時便可以看見這咖啡屋在不同時間不同的表情。

除了位在路樹街旁以外，CAFE 5 CIJUNG 在三清洞和弘大也都有分店。

可愛卻不幼稚的店內陳設，無論雜貨或是小熊拿鐵咖啡都令人心花怒放。

CAFE 5 CIJUNG

Add. 서울 강남구 신사동 525-11 번지 1 층
Open. 11:30 ～ 23:00，新年期間和中秋節當日公休。
Location. 循著一開始從新沙站八號出口走進路樹街的路徑，來到路口就那麼一直走一直走，走到路樹街的尾端看見星巴克，接著從星巴克的巷子轉進去，走個一分鐘不到，就可以看見這間門外有人工草坪、置放著清新人物版畫的咖啡屋了。

新沙路樹街是一個變化很大的區域，一些店消失了！一些店又蓋起了。每次前去都有些新發現，是一個讓人雀躍期待的區域。相反的，也就會出現明明上次去還有的咖啡屋或是服飾屋，再去時已經消失蹤影。於是儘可能的在推薦好空間好消費，會盡量以「長存性高」、「經營面很確實」的地方。即使這樣還是要先說說，這些推薦大致上都是二〇一二年期間的狀況，出發前可以的話還是再以網路 CHECK 一下。路樹街有很多很多讓人心動的服飾屋和用餐小歇空間，建議多花些時間慢慢的晃蕩是較好的節奏。

Milly 漫步路徑多是以新沙站為出發進入路樹街，走到路樹街尾端時再右轉繼續往「狎鷗亭」方向前進，或是回頭分兩段，以左右不同方位來繼續遊晃路樹街。而在回到新沙站時在四號出口的方位，走路過去約三分鐘的地方，有一個超級明星美食在那裡等待著。

說是明星美食，是據說韓國大明星也會去吃，而在韓國料理中，這裡提供的「醬醃螃蟹」在 Milly 心目中也絕對是第一的明星級位置。

第三回的首爾之旅時，盡情的吃了各式各樣韓國傳統的、家常的、路邊攤的、頂級的料理，其中一直念念不忘的就是這韓式醬醃螃蟹。於是，這回怎樣都想回味，只是首爾能吃這醬醃螃蟹的店家很多，一時不知從哪裡著手。

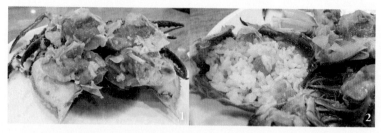

1. 小份也有兩大隻螃蟹。2. 行家吃法白飯拌蟹膏。

最後決定在那間外觀很時尚，卻有三十年以上的老舖「プロ カンジャンケジャン」（프로간장게장）盡情享用。カンジャンケジャン是日文醬醃螃蟹的拼音。プロ是專業，那麼這間店以日文來看就是「專業的醃螃蟹店家」囉，店名中文似乎就會翻成「PRO 醬蟹店」。

在有名的店家吃價位或許會偏高些，但看在這間店是號稱醃螃蟹的「元祖」就還是甘願的前往。而新沙店更是這老舖的本店，在韓國還有三成洞店和釜山雲台店。這間店實在太受日本人熱愛，於是在東京的赤坂和大阪的北新地也有分店。

醬醃螃蟹是將新鮮的螃蟹（聽說不新鮮就醃不起來會臭掉）以蔥、蒜、醬油醃製熟成。吃蟹肉部分可以就這樣對著嘴吃，怕腥的人可能會有些抗拒也不一定。然後老饕的吃法是將白飯放入蟹蓋部分，混著那美味的蟹黃來吃。吃過一次就讓人難忘的滋味，尤其是那蟹黃跟醬油醃料、白飯和在一起吃的滋味，更是破表級的美味。難怪在韓國民間會說這醃螃蟹料理是「白飯的強盜」，邊吃這醃螃蟹白飯就忍不住的一直吃起來，太下飯了，當然也是很下酒的。只是前往時才知道沒有一人份的點餐，醃螃蟹只有「大份」八萬和「小份」五萬五千這兩種選擇。點了小份有兩大隻滿滿蟹黃的醃螃蟹，真是奢侈的一餐。

一個人吃兩隻是太過癮了一點，說實在還有些膩了（真是奢侈的感想），兩個人吃大份的三隻醃螃蟹該是剛剛好。這餐廳有日文菜單，可以外帶，可以刷卡，還是二十四小時營業，真是很拚。螃蟹的新鮮度很高，是可以大滿足的美味，下次如有機會再來首爾也會毫不猶豫前去一吃的美味，只是可能就希望是兩、三人同行前去了。醬醃螃蟹會跟著湯和韓式泡菜一起端出，可是白飯就要另點，小氣了一點。不過不敢生吃螃蟹的人，還是會建議考慮一下，畢竟即使是以醬油醃製，生腥味還是不會完全蓋去的。

PRO 醬蟹店

Add. 서울 서초구 잠원동 27-1 번지 프로빌딩 1,2 층
Open. 二十四小時營業，全年無休。
Location. 從新沙站四號出口出來後，向前走在第三個街口（會看見 CAFE PASCUCCI）右轉下坡，就會看見那黑白灰交錯像是美術館外觀的建築。
Web. www.prosoycrab.co.kr

HANA銀行

The Galleria

⑦
⑥
⑤

①
②
③
④

狎鷗亭RODEO站

MOON JAR

島山公園

MuiMui

La ALASKA

宣陵路

CINE CITY / CGV

島山大路

狎鷗亭
時尚美食

要去狎鷗亭（Apqujeong），直覺反應就是搭乘地鐵到狎鷗亭站下車，可是要有心理準備的是，除了現代百貨就在地鐵站附近外，狎鷗亭主要象徵的 The Galleria Luxury Hall West（The Galleria 名牌精品百貨西棟）、The Galleria Luxury Hall East（The Galleria 名牌精品百貨東棟）從狎鷗亭站走過去都有些距離，更別說那一條名牌服飾匯集的名店大通，從狎鷗亭站更要走上十到二十多分鐘才能到達。二〇一二年，狎鷗亭 RODEO 站開通後，距離就縮短了許多。

可是體力好、心情好的時候，還是會建議將「狎鷗亭」和「新沙路樹街」連結成一個逛街動線。從新沙站出發直線逛著路樹街，而後沿著狎鷗亭路大馬路，經過狎鷗亭地鐵站後繼續走到狎鷗亭的主要商店區。

以往說到狎鷗亭都會說，那是富太太和韓星會出沒的區域，因此被稱作是首爾的「東京青山」。但是真的置身在街道上時，卻是一點明星會出現的實感都沒有。可能再過去些，往那「10 Corsocomo」外觀搶眼設計風名品店方向過去，走在有著「GUCCI」、「DKNY」、「LV」俗稱名牌大通的街道，才能找到些貴氣。後來發現真正有名牌車穿梭，也的確看見一些疑似「明星」人物出沒的區域，不是狎鷗亭而是清潭洞。不過，在韓國人心目中憧憬住宿的

1.The Galleria
名牌精品百貨。
2.Cine City 外
觀搶眼可當地
標指示。不買
名牌也可以品
味建築。3. 狎
鷗亭名店大街。

高級區，廣義來說該是所謂的「江南區」，即是包含著狎鷗亭、清
潭洞，甚至可以延伸到新沙站和三成站的周邊。

只是在狎鷗亭路上大家熟悉的 UNIQLO 和 H&M 都有，從兩棟
The Galleria 名牌精品百貨中間的大馬路（宣陵路 Seolleungno）往
清潭洞方向前進，兩旁也有很多餐廳和店家，要逛街還是很充分的。
至於 Milly 個人想推薦的則是從狎鷗亭站二號出口出來，路經「現
代公寓」到達第一條一旁有著加油站的大馬路（彥州路 Eonjuro）
後往右轉，在烏山公園和 Cina City 周邊的個性消費區域。

為方便定位，Milly 姑且就稱那是「裏狎鷗亭」，像是稱東京的「裏
原宿」、「裏渋谷」同然。

對著鐵壺喝米酒
MOON JAR

第一間要大力推薦的，是一間可用「鐵製小茶壺」喝韓式小米酒懷舊風貌咖啡屋。只是在尋找這間位在繁華街道巷弄裡側的咖啡屋真是吃盡苦頭，拿著地址和地圖一直在原地打轉遍尋不著，問人也問不出個所以然來。

最後還是厚顏的拿著地圖和店名問附近的咖啡屋店員，親切的店員才引著 Milly 到巷口指引方向，原來是手上日文雜誌的地圖太粗略，沒能顯示正確的距離。好在這是一間讓人大滿意的咖啡屋，更慶幸自己當時沒在迷路時放棄。的確要用餐在首爾選擇很多，但是 Milly 總想更貪心的去探訪一些不同於既定印象、更能顯現首爾都市魅力的角落。不單單是那明洞水餃店、老舖蔘雞湯店，或是只是任意的在小攤吃吃。

1.MOON JAR 是白色獨棟建築。2. 店內裝潢是都會復古風情。

2

這些有風味的店家或是咖啡屋很多都隱藏大街外的巷道內，不是一般觀光客會出沒的地方，迷路難免，不會韓文更是難度增高，但是真正到達品味過後，還是會深信自己的堅持是正確的值得的。

光是看 MOON JAR 那有著整齊草皮庭園和典雅的白色兩層建築，可能會以為這是一間法國餐廳。實際上卻是一間可以喝到막걸리「MAKGEOLLI」，也就是庶民風發酵濁米酒的韓風居酒屋，本來 MAKGEOLLI 只是市井小民在喝，可是這幾年來卻因為號稱有美容效果、有益健康，於是造成風潮。現在簡單的就可以在超市便利店買到不同口味的發酵濁米酒，一些酒吧、咖啡屋也會推出些果汁加發酵濁米酒的調酒。

MOON JAR 店內提供著十種以上的 MAKGEOLLI，但最人氣的還是那以小鐵壺冰鎮著，以小鐵碗很豪邁來喝的六千韓圜一壺的濁釀米酒「MOON JAR MAKGEOLLI」，其他調製的 MAKGEOLLI 則約是七千至一萬兩千韓圜之間。

MOON JAR 的店名，MOON 是月亮，JAR 是壺的意思，因此才會有這樣包裝呈現的濁釀米酒出現。其實如果偷偷窺看，店員不過是將自家釀製的米酒倒入壺中端出而已（笑）。同樣的酒在超市或許五千韓圜上下就可以買一大瓶回家，不過人氣重於一切，就不去計較太多。

這家店的裝潢真的很有風味，是將老舊的房舍很大器的備置著古道具風貌的桌椅。落地窗開得很大，粗木地板更是讓空間多了些歐洲鄉村風情。很難形容空間的整體氣氛，只是一進去「哇！好時尚又好懷舊的組合」，是很精采的裝潢概念。

喝酒當然還是要點餐配上下酒菜，可是一定要提醒，這裡每一樣餐都幾乎是兩到三人份的份量，Milly 點了海鮮煎餅就是一大盤出現，看隔壁桌的日本人母女三人組，點了三樣菜「烤五花豬肉」、「韓式生魚片」、「辣烏賊鍋」就一副整個被打敗的模樣。這裡的菜單像是海鮮煎餅是一萬五千韓圜，鍋物大約是兩萬韓圜上下，同樣的傳統韓國料理，價位卻要比小吃店貴個兩到三倍，畢竟是江南地區的狎鷗亭，預算要訂得鬆一些。

最後要偷偷透露一個好康，就是這間店的男店員幾乎都是「現役」模特兒來兼差的，真的是都很有型呢（笑），用餐點餐時請不要忘記 CHECK 一下。

1.樓梯間的角落。2.鐵製小茶壺喝濁釀米酒。3.周邊餐廳多愈夜愈美麗。

MOON JAR

Add. 서울 강남구 신사동 644-19 번지
Open.17:30 ～ 26:00，最後點餐時間是 24:00，新年期間和中秋節休息。
Menu. 有日文菜單，店員一般英文都不錯。
Location. 從盆唐線狎鷗亭 RODEO 站六號出口出來後，大約走個 150 公尺，會看見 HANA 銀行，從這銀行邊的街道左轉進去。走著 280 公尺，注意右手邊就會出現白色兩層樓前有草地的獨棟建築，就是 MOON JAR。

將傳統韓食吃得精緻的
MuiMui

要前去 MuiMui 這間空間好、料理佳的餐廳用餐，建議要先標定「Cine City」為前進大目標，就是那間聽說是韓國明星很多人會在那裡看電影的「Cine City」。

從不同的捷運站出來自然路徑大不同，Milly 是建議從狎鷗亭 RODEO 站五號出口出來後，沿著宣陵路 Seolleungno 一直走到跟大馬路的島山大路（Dosandaero）交會的地方左轉，往前幾步就可以看見「Cine City」。韓國的馬路標示未必有漢字和英文，迷路時就以 Cine City 來問路，知道的人多很多。

看見 Cine City 後就從一旁的街道走進去。在第二條小路街口右轉，接著於第二個巷口左轉往前，就可以看見那頗氣派的玻璃窗建築「MuiMui」。

如果是從新沙站走過去，就是要從八號出口出來後一直往前，順著大馬路走著，大約十五到二十分鐘，可以看見外觀超搶眼的「Seoul Auction」，之後就會看見 Cine City。

1. 餐飲消費是江南區價位。2.&3. 靠近中庭花園的長桌適合一個人用餐。

3

「Seoul Auction」是藝術拍賣場地，本來還誤以為是什麼國立的現代藝術美術館呢。前去的過程聽起來很複雜，不過 Milly 以為這個區域有許多可愛的小店、藝廊和有風貌的咖啡屋、餐廳，能繞進去看看一定會有驚喜。

本來在 MuiMui 斜對角還有一間「café The Queen」，是在二〇一〇年旅行首爾時最最喜歡的空間，也在那裡吃到極為好吃的料理。可是這回前去，發現這間像是古董展示又像是大型攝影棚，不論哪的角度拍下來都像是一張明信片，很多雜誌都介紹過的咖啡屋居然不再經營了。

此次前去時沒看見店前的招牌，只瞥見裡面在拍婚紗，本還以為只是當時出借場地拍攝，畢竟這裡本來就是常用來拍 MV 和拍照。可是回來後一查看資料，還真的完全轉變為一個攝影棚，大多是供婚紗拍照，門上名稱還是「The Queen」，一旁卻也有了 PHOTOGRAPHY 字樣。這該是 Milly 在這次旅行中接受的最大 SHOCK，畢竟是很喜歡的一間咖啡屋呢。

逝者已去來者可追，早早把那喜歡的情緒轉到對面 MuiMui 的好。回憶起來當時前去 café The Queen 也小懊惱過，怎麼沒能先發現 MuiMui 這間氣派又很摩登時尚的用餐空間。

這回探訪首爾個性消費空間時，最大的感想是，首爾有風味的餐廳或是咖啡屋都很大器，很大器的在很寬敞的空間內展現完成度很高的設計意念，這點跟日本東京的空間表現手法是最大的不同，東京多數是走細節的精緻和完美不妥協的美學。

MuiMui 同樣是大到讓人讚嘆，整個空間以「回」字型包圍著放置了現代玻璃藝術花草雕塑的庭院，面對庭院其中一面的空間是以一張沿著牆壁很長很長的沙發來貫穿。

那沙發可能是目前見過最長的沙發，然後在沙發的前方放置一張張的四到六人的木桌椅。另一面的空間則是多樣貌些。有大圓木桌、大方桌、靠窗的座位也有貼近庭院的櫃檯座位。

那像是圖書館桌椅的櫃檯座位，不會面對其他客人，是一個人來用餐的好角落。

menu 送上有英文註解，可是大多數以英文形容的料理還是一知半解，漢堡餐義大利麵等套餐是看得明白，可是盡可能的想吃韓國料理，於是亂矇的點了一份牛肉飯，卻是意外的好吃又好看。

牛肉飯很精緻漂亮的放在白色瓷碗內，放著鐵筷、鐵湯匙的道具也很精美。

該說是一個「美意識」很充分的用餐空間，不過因為同樣是位在高級住宅林立的江南區，消費的價位也會偏高。Milly 點的牛肉蓋飯單價是一萬八千韓圜加上百分之十的稅金就是一萬九千八百韓圜。

以這價位來審視，也難怪幾次經過外面都是停著高級車。

此外，因為前去時沒能做足功課，完全忽略了這間 MuiMui 的二樓在晚上六點之後，會化身為可以在露天座喝酒、以都會創作風多國籍料理當作下酒菜的韓風酒吧。

其中最人氣的酒，正是持續了幾年依然大盛行的濁釀米酒。

MuiMui
Add. 서울 강남구 신사동 653-4 번지
Open. 11:00 ～ 25:00，新年期間和中秋節公休。
Location. 如前文
Menu. 有英文附註的菜單。

1. 綠意盎然的空間，令人神清氣爽。2.&3. 一本雜誌、一個悠閒午後。4. 誤打誤撞點的韓式牛肉蓋飯，真好吃。

首爾美味麵包屋
Le ALASKA

在 MuiMui 一出來的右手邊，有間很歐洲鄉鎮風味的麵包屋。

雖說不是很確認首爾的麵包屋該長成什麼模樣，但是這間從外觀看去幾乎嗅不到一點韓國味的麵包屋「Le ALASKA」，則一定不是尋常的首爾麵包屋吧。

很多網路上的證言顯示，數年前首爾是找不到幾間好吃的麵包店，說到首爾麵包或許只能想到幾乎在每個區域的街角都可以看見一間的「Angel-in-us Coffee」、「PARIS BAGUETTE」或是「Tous Les Jours」。這些店的麵包就是麵包，水準都是及格卻沒什麼特色和驚喜，印象中韓國人早上不是在家吃粥、海帶湯、豆腐鍋，要不就是在路邊買三明治。

似乎很難將麵包跟韓國人連結在一起，甚至大部分的韓國人依然認為麵包是點心不是早餐。可是同樣是喜歡麵包人的網路上證言（尤其是特別偏愛吃好吃麵包、從小到大也吃慣了好吃麵包的，移居或是嫁到首爾的日本人），首爾好吃的麵包店的確有增加的趨勢，甚至出現了專業麵包屋、達人麵包屋、國際知名麵包屋的開業浪潮。在這些喜歡吃麵包的達人推薦中，經常位居前三位置的就有這間 Le ALASKA。

Le ALASKA 一進門內就可以看到一袋袋的法國麵粉袋，結帳櫃檯後面更有一個好歐風的麵包工作台，在櫃檯前和麵粉袋上方則是擺放麵包的木架子。

畢竟是人氣麵包屋，通常在下午六點麵包就會賣光。Milly 看著那一個個發出「好吃」、「好吃」訊息的麵包，真的都好想買，最後是配合旅行心情，買了一個兩千兩百韓圜的 smile 微笑的巧克力麵包，帶回住宿 La Casa Hotel 當作下午茶吃。

資料上說，這裡的老闆可是「東京製果專門學校」畢業的，倒不是這樣就有絕對的保證，只是一向喜歡東京麵包屋的 Milly，內心會不由得升起些跟這些麵包間的親切感。

1. 飯店的美味下午茶，帶一個微笑的麵包回去。
2. Le ALASKA 的麵包很歐風。讓人對首爾的麵包屋改觀。3. 每一個麵包都讓人垂涎。4. 老闆是在東京學習麵包手藝。

Le ALASKA

Add. 서울 강남구 신사동 653-9 번지
Open.09:00 ～ 22:00，週日公休。
Menu. 麵包平均價位是 ₩ 1900 ～ ₩ 3500。
Location. 參照前往 MuiMui 的路徑
Web. www.lealaska.com

The Galleria

清潭洞

富太名流、時尚男女
的出沒地

① ⑦ ② ⑥ ③
⑤ ④

Miel

ONL

TOM N TOMS

● SSG FOOD MARKET

島山大路

清潭洞聖堂

⑨
⑧

Café Deli
Artisee Boulangerie ●

在台北說是住在信義計畫區的豪宅，那就是有錢人的象徵；在東京說是住在田園調布、六本木高層公寓，會讓人稱羨；在首爾的話，說是住在市區的富貴區域，那毫無疑問的就是指清潭洞（Cheongdam）的高級公寓了。

正因為清潭洞很多高級住宅，相對的這個區域的名牌服飾、高級餐廳和高檔咖啡屋也相對密集。

行走在這區塊中，不時會看見配有私人司機的高級車穿梭，整齊的行道樹兩旁也是警衛森嚴的高樓層住宅。據說不但很多藝人都喜歡住在這個區域，藝人的經紀公司、唱片公司也很多分布在這裡。甚至有說即使是大家熟悉的咖啡連鎖店，這個區域到了下午的露天座也可以不時撞見藝人歌手的蹤影。

在這裡的咖啡屋小歇時，似乎的確看見了一些時尚摩登、疑似藝人模樣的人，只是 Milly 不熟韓國藝人，就算是撞見了可能也辨識不出來。

俗氣一點來說，想跟著首爾的有錢人一樣消費，來到清潭洞是準沒錯的。就算是不那麼俗氣的想去做作的裝作有錢人，至少看看印象中完全不同的韓國角落，看看那精緻摩登的生活圈，也是一種旅行中的情緒轉換。

Milly 在短短一星期多的假期中，從兩個不同路徑來試圖窺看清潭洞，一是從地鐵清潭站出發，沿著三成路前進；一是從狎鷗亭地鐵站出發，從名店大街慢慢繞路過去。

1.&4. 清潭洞是高級住宅區。
2. 露天的咖啡座經常可以遇見藝人。
3. MONDAY TO SUNDAY 咖啡屋。

搭乘七號線在清潭站下車，首先在出了六號出口的地方，即可看見一間很漂亮，在茂密大樹旁的糕點咖啡屋「Café Deli Artisee Boulangerie」。

這間連鎖咖啡屋以「上質的歐風咖啡屋」為主題來規劃，其背後的經營者還是首爾頂級飯店「新羅 HOTEL」，麵包糕點宣稱是有著東京 PARK HYATT 糕點主廚的指導。

Café Deli Artisee Boulangerie 的每間分店，在平日是七點開始營業，是提供吃個精緻早餐的好選擇。一般觀光客較有機會去利用的是位在清溪川旁的「清溪廣場分店」或是「新羅免稅店」內的分店。

至於這間位在清潭洞的分店，好吧……還是難免俗氣一點的註解，就是即使是有十多間分店的連鎖店，這間清潭洞的分店可就是不論裝潢、店內氣氛和糕點格局，都是洋溢時尚的高檔感。

此外，因為地域的特色，也較不會突然湧入觀光人潮，在悠閒度上是比較可以期待的。

1. 有茶品禮物包。2.Café Deli Artisee Boulangerie 走上質風。
3. 全木質的內裝，很有質感。
4. 季節限定芒果 LASSI。

3

咖啡屋整體是潔淨的白色基調，配置上細緻的木質家具，而窗上和牆上的線條壁畫正是這咖啡屋的特色之一。咖啡、麵包、蛋糕是這咖啡屋的主力商品，不過在炎炎夏日又看見店頭廣告說，夏日限定的芒果系列飲料即將結束，於是點了那酸酸甜甜的「MANGO LASSI」飲品。

4

所謂的芒果 LASSI 是將芒果、優格、蜂蜜調製的天然風飲品，也有草莓或是奇異果等口味可以選擇。

Café Deli Artisee Boulangerie 清潭店

Add. 서울 강남구 삼성동 52-17 번지 1 층
Open. 7：30 ～ 23：00；週六、週日與假日 8：00 ～ 22：00。
Location. 七號線清潭站六號出口旁
Web. www.cafeartisee.com/index2.jsp

頂級超市
SSG FOOD MARKET

在清潭洞最能顯現這個區域氛圍，並濃縮這個區域菁華的，Milly 主觀以為就該算是那在二〇一二年七月新開張的頂級超市和美食廣場「SSG FOOD MARKET 清潭店」。

從清潭站八號出口出來後往「清潭洞聖堂」方向前進，一直走到最大的十字路口後往左轉，走個兩百多公尺就可以看見那棟褐色氣派大樓，以金色字樣寫著 SSG FOOD MARKET。

地下一樓有著販售輸入食材和有機食品的超市、超市旁是餐廳「GRAMERCY hall」。在超市內可以看見在其他首爾超市看不見的各國蔬果，也可買到各式傳統的、多國籍的熟食。也就是說，可以買現成的熟食回飯店吃。不單是可以單買料理，這裡也可以買到以韓風家庭料理做出的餐盒和便當。

不過也不要誤會這是間純歐風超市，因為在這超市內可以買到由「朝鮮飯店」特製的頂級泡菜，也能買到韓國的傳統點心、韓國調味料以及契約農場的韓國在地蔬菜。至於在 GRAMERCY hall 內則可以吃到以這超市內食材調理的印度、歐美和中國料理。

一樓一面是名牌服飾店，另一面就是讓人看得幸福度指數高揚的華麗麵包店「THE MENAGERIE」，在 THE MENAGERIE 旁則是品項豐富的「SSG WINE」酒類販售精品店。

在那華麗的麵包店挑選著麵包時，原本對首爾麵包不抱著期待的偏見也就這樣一掃而空。挑選了南瓜捲麵包和很少看到的起司加上白煮蛋鹹麵包，買了帶回飯店用 PARK HYATT 精緻的韓風茶具，於房間內居家風的桌椅上演出一個假日中的下午茶。麵包頗好吃，真要說未必有東京麵包的水準，但已經充分的美味了。

THE MENAGERIE 的前方是一個垂吊著像是歐洲中古世紀教堂燭火的燈具，被華麗的糕點環繞著的店內附設咖啡屋空間。前去時是這間頂級超市開幕不到一個月的時候，看這麵包屋附設咖啡屋內貴婦們、情侶們愉快談笑享用下午茶的畫面，可以預想這裡日後一定會是周邊高級公寓居民們相約的「老地方見」選擇。

SSG FOOD MARKET 清潭店

Add. 서울 강남구 청담동 4-1 번지 피엔폴루스
Open. 10:30 ～ 22:00，只休新年與中秋節當日。
Location. 如前文
Web. www.ssgfoodmarket.com

店名 Miel 是法文「蜂蜜」的意思,自然是喻指這裡可以吃到甜蜜的
點心。

而對 Miel 的第一印象是有些勢利眼心態,以為……果然不愧是在高
級地段狎鷗亭、清潭洞的甜品咖啡屋,一大棟氣勢的白色建築就那
樣呈現在眼前,店前不例外的停靠著一輛輛的高級房車。

或許這樣說有些主觀也不一定,但似乎這裡的店家可以由店外停靠
高級車的數量來評斷人氣度。

在第一眼印象那建築的「貴氣」後,第二個深刻印象是那進入店內
的玻璃門設計,看似一個浮雕,其實卻是以線條勾勒出的假象,頗
具創意。店內的牆面也充分的利用了這波浪的畫面感,當初的設計
者是要表現什麼就不是很能理解。

Miel 咖啡屋一共分為三大空間,一是靠庭院光線充分的 SUN
ROOM 區、一是以櫃檯延伸出的白色布墊木桌椅區、裡側則是意
外的很現代摩登風,色彩鮮豔的沙發區。

在前往 Miel 的路途上，也看見不少建築獨特或是氣派的藝廊，不知是不是這地域的特色之一，而這間恍然一看很高級的咖啡屋，卻是同樣兼具著現代美術作品展示的功能，尤其是沙發區內的色彩配置、牆上的海報版畫和雕塑等，就完全像是一個小型的現代藝術美術館，這區間的作品據知會不定期更新不同作者的作品。

此外 Miel 各式鬆餅更是人氣的餐點，最推薦點的是要花一些時間烘烤，所以要耐心等待，一端上來卻是讓人驚豔的「丹麥鬆餅」（Dutch Baby Pancake），可惜的是，那天不能多花時間等候那吃過一次頗難忘的美味鬆餅，只是點紅茶配上蛋糕來悠閒一個下午茶時間。這裡咖啡單價偏高，約是八千至一萬一千韓圜上下。

Miel

Add. 강남구 청담동 94-3 퍼즐 하우스 1층
Open. 11:00～25:00；週日 11:00～24:00，元旦、新年和中秋節公休。
Location. 從盆唐線的狎鷗亭 RODEO 站三號出口出來後，沿著大馬路前進，在第二個街口右轉，之後再於第三個街口左轉，在左側就可以看見這個建築。這段路約是十分鐘左右。Milly 個人的路徑則是從清潭洞站出來，往「清潭洞聖堂」方向漫步，遇到最大的一條馬路「島山大路」後，左轉向前，再從咖啡屋「TOM N TOMS COFFEE」旁的爬坡路上去，迷亂一下路徑後，基本上都可順利到達店前的。如果不想這樣折磨自己的腳，直接從新沙站、清潭洞站、狎鷗亭站以及狎鷗亭 RODEO 站出來，搭乘計程車過去自然是最簡單的方式。
Web. miel.kr

1. 大門是獨特的設計風。2. 店內不定期有現代藝術展。3.&4. 店內不同風情的空間，是現代摩登風格。5. 以一壺茶來吃招牌丹麥鬆餅。

前往 Miel 在口語敘述的時候，似乎真的有些讓人眼花撩亂，其實如果順著行道樹很漂亮的大馬路，一路逛街看看名品店櫥窗也不是太痛苦的事情才是。更何況一旦來到這個區域，這個鬧中取靜的高級住宅坡道上的巷道後，會看見很多不錯的咖啡屋和餐廳，可以提供一些不錯的首爾美味體驗選擇。

在前往 Miel 的途中，路經整個空間敞開於坡路巷道間的咖啡屋「ONL」，那面向路面的沙發座實在太吸引人，即使在 Miel 喝下午茶時還是掛記著「如果」……能坐在 ONL 面向巷道的沙發座上發發呆該是怎樣的情緒。於是，即使腸胃裡還殘留著 Miel 的紅茶和蛋糕，在回程經過 ONL 時還是不能抗拒的走進去，不但進去了還點了 ONL 的招牌鬆餅，豐盛的吃了當天的第二份下午茶。

1. 首爾的咖啡屋都有自家招牌的鬆餅。2.ONL 是散步路上的好停歇點，好天氣整個店面大開讓風吹入。3. 晚上是小酌的地方。

這樣的衝動真是無益健康（苦笑），可是只怪這間 ONL 咖啡屋的架式太有魅力，路過時看見那完全敞開的空間、沙發前密密麻麻擺放的各式紅白香檳酒瓶、垂吊的古典燈飾和整體洋溢的自由氣氛，就怎麼都不能抗拒的只是想去嘗試，想成為一小時也好三十分鐘也好，這間咖啡屋的「曾經客人」的一人。

鬆餅是以水果妝點出來頗引人食慾的模樣，不是過於甜膩的口味，配著冰咖啡喝算是合宜的。當然更好的點心還是從開放空間看去的來來往往的「名牌房車」、似乎每一個人都像是偶像團體一員的首爾型男型女。據說的確很多團體像是原來的「東方神起」和「2 PM」等就常在這裡出沒，也留下了簽名，讓 fans 來朝聖。

在 ONL 的旁邊還有一間同樣頗讓人好奇，看來也頗人氣，有著白色遮陽棚露天座的「MONDAY TO SUNDAY」咖啡屋。

隨意晃晃就可以發現附近有不少風味的咖啡屋，難怪這裡也有「清潭咖啡屋路」的稱號。

ONL
Add. 서울 강남구 청담동 90-19 올리브빌딩 1층
Open. 10:00 ～凌晨 03:00，全年無休。
Menu. 有英文菜單
Location. 同樣於前去 Miel 的路徑，ONL 是從 Miel 出來後下坡右轉的位置上。

弘益大學
商圈

咖啡屋朝聖

弘大入口站街口

星巴克

TONYMOLY
新森堂

COFFEE LAB
咖啡王子一號店

café Berlin
café TABLE A

星巴克
B-BOY劇場

HANA銀行

Café The Air

弘大正門

兒童公園

coffee smith

WOW公園

Design Square
SangSangMaDang

弘益藝術大學

café aA

7-11   上水站

Family Mart

Anthracite
UNI ART HALL

A plus COSMETIC

早就風聞首爾的弘益大學（Hongdae）周邊多了好多好多有風味的咖啡屋，出發去首爾前已經躍躍欲試。

說到這依然在不斷延伸、不斷更新的新興咖啡屋區，廣泛來說就是弘益大學周邊，簡稱為弘大。

再細微一點去定義的話，則可以說是三個捷運站周邊的區域，這三個捷運站是「弘大入口」、「上水」和「合井」。

原本 Milly 想到要去弘大來個咖啡屋散步，自然會直接聯想在弘大入口站下車做為起點，只是在出發前的搜尋資料中，被一間咖啡屋深深吸引，於是在首爾第一間要探尋的咖啡屋，就不是在「弘大入口」地鐵站出發過去的熱鬧路段，而是迴旋曲折的從邊側的「上水」地鐵站走過去的咖啡屋「Anthracite」。

前往 Anthracite 是在深夜到達首爾後隔日的第一個白天。

當 Miily 順利的在 Anthracite 喝了咖啡、充分享用了那極好的創意舒適空間後，說得誇張些，Milly 甚至以為這次首爾旅行已經充分了，其他多出的喜悅或是喜歡都是附送的。由此可見，Milly 有多麼期待來到這間咖啡屋，又多麼的被這間咖啡屋給滿足了。

在 Anthracite 時翻閱了一本 FREE PAPER，關於弘大、合井和上水站周邊的咖啡屋，在一大面的地圖上，只要是咖啡屋就會以圖釘圖案註明。

看了這張地圖還真是一時間讓人腳軟，原來大致一算，這個區域大大小小的咖啡屋，包含那些外帶的咖啡屋，居然有將近三百間上下。

實際上網搜尋資訊，也會明白以有限的天數、有限的體力、有限的咖啡胃，Milly 能體驗的這個咖啡屋新興區塊的咖啡屋，不過是極為少數的。

一定會有更多美好的咖啡屋錯過了，像是一間有一整面書架的挑高咖啡屋「café comma」。

要全數好奇是不可能的任務，換個角度想想，咖啡屋本來就是在旅途散步道上停歇的點，太執著反而壞了去喜歡一間、邂逅一間咖啡屋的本意（笑）。當然由此也可見弘大真是有好多、甚至會讓 Milly 不由得貪心焦躁起來的、可以去渴望去尋訪的咖啡屋。

氣氛與專業兼具的
Anthracite

店名 Anthracite，直接翻譯的話是「無煙碳」的意思。是喻指咖啡豆烘焙的過程，還是原來這工廠的背景？就不得而知了。

全名是「ANTHRACITE COFFEE ROASTERS」，亦即咖啡豆的烘焙是主要的營業項目，咖啡屋只是附設的空間。以空間極度寬敞的廢棄工廠做為咖啡豆烘焙工房以及咖啡教室，同時極有創意的以工廠殘留的「機具台」、「輸送帶」當作咖啡飲品等的調理櫃檯。

除此之外，建築外觀刻意保留著這五、六十年歷史老舊工廠的生鏽機器、斑駁的水泥牆，如果事先不知道這是一個廢棄工廠改裝的咖啡屋，一定就這樣路過，以為不過是一個廢棄，甚至是有些危險的工廠。

1. 讓人驚豔的空間感。2. 非常有風格的咖啡點餐吧檯。3. 甜點也樣樣吸引人。

二樓的咖啡屋空間更是很奢侈的保留了很多空白，桌椅不是擺放得滿滿的，每個桌位間都有適度的和緩距離。更將原本隔間的牆壁很大膽的打通，留有的一段殘壁還很有玩心的挖了個牆洞。

牆上打著視覺上如藝廊般的燈光，擺放的桌椅各有特色、不求統一，其中最愛的是以「工廠鐵門」設計的大桌，環繞這鐵門桌是擺放著舒適鮮豔坐墊的大沙發。

坐在這大沙發上面真是整個人大大放鬆，哪裡都不想去了。

對極度喜歡咖啡空間、已經在日本、歐洲各地探訪過不下數百間的Milly來說，這樣的格局和創意還是第一次看見，好精采的構思。

點了一杯咖啡配上熱烤牛肉三明治，過程是自助式的（就是店員不會將餐點端到客人的桌上），於是在等待期間可以看見店員分工以專業的手勢磨豆、手沖咖啡，那冰咖啡更是用像是實驗室的玻璃樽（燒杯）一樣，放入大量冰塊來沖泡，一時還頗後悔事前沒能搜尋好情報，該 order 那更人氣的冰咖啡才是。

1

不過黑咖啡喝入口中頗有水準，那沒喝到冰咖啡的遺憾才減輕一些。然後這樣說未免武斷也不一定，畢竟不是探訪過所有的首爾咖啡屋，但在 Milly 有限的首爾咖啡屋巡禮中，以為這裡的咖啡是最專業的。

而意料外的是那現做熱三明治也很好吃，一般來說咖啡屋的三明治都有著冷冷硬硬的印象，這裡的三明治卻會將麵包烘烤，牛肉也是現煎的，當作午餐是滿意的。其實在等待咖啡沖泡期間，看了輸送帶上的甜點似乎也都是頗為專業的。

從 Anthracite 離開後循著原路返回上水站，要繼續繞去弘大主要的街道上，目標是一個有專業吧台手的「COFFEE LAB」和空間大有特色的「café aA」。

不過，畢竟 Milly 的咖啡胃有限，之後的咖啡屋行程其實是分三次前往的！

1. 工廠鐵門再利用的大桌。2. 熱三明治配上手沖熱咖啡。3. 殘留著工廠的道具。

Anthracite

Add. 서울 마포구 합정동 357-6 번지
Open. 11：00 ～ 24：00，原則上是假日公休。
Location. 前去這風味的咖啡屋要有小小迷路的覺悟，畢竟不是大家熟悉的觀光區，甚至是隱身在公寓一旁的角落內。
最簡單的方式是從地鐵上水站的四號出口出來，然後一直往前沿著大馬路以「合井」地鐵站方向前進，之後會看見第一條相對的大馬路和三角口的 7-11，在此要繼續往前，在下一個大馬路左轉，往前走一小段會看見 FAMILY MART 便利店，從便利店對面的巷道左轉進入，而後的第一條巷子右轉直走到底，咖啡屋大約就是在那附近。
要不就是一直順著大馬路直走不要轉入 FAMILY MART 便利店的巷內，在接近下一條大馬路時會看見很多遊覽車停靠，原來那裡有間專攻觀光客旅遊團買免稅品的「A plus COSMETIC DUTY FREE」，看見這間店後左轉，看見第一巷道和建築「UNI ART HALL」於此再左轉，就很快會看見 Anthracite。
基本上，從上水站走過去約七到八分鐘，如果沒自信找到，搭乘計程車前去似乎更好。
Web. anthracitecoffee.com

被大量古董家具包圍的
café aA

「大」似乎是首爾咖啡屋的多數特色。而 café aA 的特色是除了大之外，還有「舊」。

光以這兩個形容詞可能想像不出為什麼這間咖啡屋在弘大眾多咖啡屋中，可以佔有龍頭地位的優勢。但只要去過一次，就很容易明白它的江湖地位是不容置疑的。

從巷子繞進去，那突然出現的歐風大建築很難不惹人注目，建築本身是樓上五層、地下兩層的構造，說這是一間咖啡屋，實在也跟自己心中一向給咖啡的定義不符合。第一印象更會以為這該是一個歐風的美術館，一間以古董家飾和設計風的燈飾所營造出的開放感美術館。

1.café aA 整體印象是「大」。2. 這是弘大最代表性的咖啡屋空間。

1

實際上的確這也是一間美術館，在咖啡屋的地下室就有一個被稱為「THE DESIGN MUSEUM」的設計美術館。整體建築總稱為「THE DESIGN MUSEUM」，aA 只是美術館的附設咖啡屋。

只是很多的介紹都是以咖啡屋為中心，讓人忽略了美術館才是主體，雖然這不過是一個私人性質的美術館。不是什麼現代藝術的設計美術館，是一個設計家具和裝潢備置展示，極具品味的空間。

進入是完全免費的，可以自由遊晃。在咖啡屋的二樓三樓也有畫廊般的展示空間，不定期的開放著。

DESIGN MUSEUM 佔據兩層寬廣空間以不同主題擺設的設計家飾，拍入鏡頭都像是歐洲家飾家居雜誌的精采一頁。這些居家設計的家具和擺設一些是純展示，但很大部分則都是可以販售的。

比較不解的是，Milly雖然看的韓劇少之又少，可是在有限的陪著母親看過的韓劇中，大部分富貴家庭的擺設都是有些奢華風的，像這樣有品味的歐風設計家飾，真的會存在於韓國有錢人的家中嗎？

突然小心眼的懷疑著。

一樓和一樓閣樓的咖啡屋空間，家具的擺設氣氛延續著這設計美術館風格。寬大且天井極高的空間內擺放著不同風貌的設計風桌椅和古董風的桌椅，新與舊很巧妙的融合為一體。

這裡大部分的歐風古董擺設和家具，是老闆以二十多年的時間從歐洲各地收集回來，據說連鑲在復古紅磚牆上的大格子窗都是從英國的舊工廠拆卸運來，還有從法國拆卸運來一百五十年歷史以上的街燈，真是大手筆。空間內的大大小小家具和擺設達到一萬多件以上，眼睛不論放在哪個角落都會有新發現。

在東張西望的同時，也不要忘了將頭低下看看地板，這空間的地板可都是很花功夫去鋪設的木拼花地板呢。café aA是Milly很喜歡的空間，可是要說它的咖啡有多好喝或是甜點、三明治有多好吃，就很難毫不猶豫，畢竟是以空間吸引人的咖啡屋。

1. 具有設計感的吊燈以及桌椅。2.&3. 咖啡屋的地下室是THE DESIGN MUSEUM。

1. 是家飾概念展示也提供販售。2.&3. 每一個角落都讓人想按下快門。4. 家飾多是歐風的。5. 寬敞又獨特的空間。

在炎炎夏日或是寒冷冬日，進來喝杯飲料小歇一段時間，則是可以無條件的推薦。

咖啡一杯的價錢約是五千韓圜以內，跟前面介紹過的清潭洞一杯咖啡動輒八千韓圜是有很明顯的價位落差，便宜很多。

晚上則可以點杯紅白酒，在搖曳的燈光下享受微醺的感覺，白天和夜晚的表情是大異其趣的。

café aA

Add. 서울 마포구 서교동 408–11 번지
Open. 12:00 ～ 24:30，舊曆新年和中秋節公休。
Location. 從六號線上水站一號出口出來，順著大馬路往弘大正門走去。在看見 7-11 時就從一旁繞進去走進左側的巷子，過了兩個巷口，在右側可以看見 aA 的看板，是附近很有人氣的大型咖啡屋，問路應該不會很難有回應，從上水站走過去約是十分鐘，從弘大入口站走過去則需十五分鐘左右。

帥哥為你沖泡專業咖啡的 COFFEE LAB

在弘大和上水周邊另一間不能不提及的「專業好喝」咖啡屋，是位在略陡斜坡下端角落的 COFFEE LAB。

這間空間不是特別大的咖啡屋（不大是跟境內的其他咖啡屋比較，若跟日本比較則是充分大的空間），可是在首爾咖啡界小有地位，愛喝咖啡的人更是建議可以來朝聖一下。

除了咖啡豆很講究之外，老闆更是得過世界拿鐵拉花冠軍的好手。

既然是拉花冠軍老闆的咖啡屋，自然就要點杯熱拿鐵。

端上來一看，拉花線條分明色澤清晰，喝一口拿鐵也是好水準。

1. 頗有地位的咖啡屋。 2. 天花板的椅子裝置藝術。

當天去時咖啡屋才剛開店不久，是一位年輕的吧台手（barista）負責調理咖啡，想必不是老闆，但是拿鐵拉花的水準還不錯。

對了！另一個個人觀察，很推薦這間咖啡屋可以繞路去看看喝杯好喝咖啡的理由是，這裡的吧台手都頗有型的，算是帥哥一族。這間咖啡屋在日本女子遊客間，暗暗的享有名氣，也是因為這裡店員幾乎都是有型帥哥的傳聞。

店內的裝潢風格是洗練而沉穩的，可是那將一張張椅子掛在天花板上的「設計玩心」則是讓人不由得拍手叫好。

去過這樣特殊裝潢的咖啡屋後，記憶中的形容詞勢必就是：那天花板上垂掛著一大堆木椅子的咖啡屋。

店名「COFFEE LAB」的 LAB 是 LABORATORY（研究所）的略稱，想必是要突顯這間咖啡屋有專業吧台手、是自家咖啡豆烘焙、對咖啡技術專業的印象。

一杯專業拉花的拿鐵五千韓圜，是很有良心的定價。

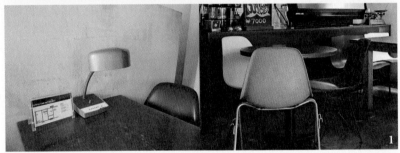

1. 店內的裝潢風格洗練而沉穩。
2.COFFEE LAB 的拿鐵拉花是冠軍水準。

2

COFFEE LAB

Add. 서울 마포구 서교동 327-19 번지
Open.11:00 ～ 24:00，舊曆新年、中秋節公休。
Location. 從地鐵弘大入口站九號出口出來後，走到觀光詢問亭旁的星巴克，之後朝向弘大那很醒目的正門前進，看見正門後，順著 HANA 銀行左轉向前，先又看見另一間星巴克，往前看見 B-BOY 劇場；過了劇場，會看見一間很大的有戶外陽台的咖啡屋「BERLIN」，繼續往前走些，看見一個下坡道，坡道的右手邊就是 COFFEE LAB。
Milly 去時不知道，回來後看資料才發現，原來韓劇迷會去朝聖的咖啡王子一號店，正是在 COFFEE LAB 的斜對角。

女大生氣質的
café TABLE A

在 café aA 和 COFFEE LAB 的中間，往弘益大學正門的林蔭路上，有一間可愛的咖啡屋 café TABLE A，因為店門貼著幾隻可愛的貓咪的介紹，因此會想這樣可愛的咖啡屋還有貓咪坐檯，怎能不進去？

可惜是下午時分，貓咪都慵懶的躲在二樓的閣樓上，只窺看到一隻情緒不是太好的白色貓咪在桌子下面。

不過，正因為是貓咪的引導，才能來到了雜誌不多介紹卻是很可愛的店，像是一間女子房間宿舍一角的咖啡屋。真的是有趣的格局，就如前面形容的像是把一個女生宿舍放進一間咖啡屋的空間一樣。

二樓是睡覺的地方，一樓是床下書桌用功的地方，窗邊面向陽光的地方是書桌的擺設，當天也有一位像是歐美的留學生在店裡上網，一心不亂的用功著。

因為已經喝了太多咖啡，就在兩位學生模樣的可愛男女店員推薦下，點了「香蕉加莓果」冰沙，好好喝呢。

咖啡屋不大，卻是每個細節角落都有驚喜，像是在上閣樓的木梯旁邊，就貼著一張張的速寫、隨筆插畫，應該都是弘大學生隨性留下的作品。

前去時看見其餘三位客人也都是一個人，都是專心的用功中，Milly混在裡面比較像是「舍監」。

1. 有如女生宿舍般的咖啡屋。
2. café TABLE A 的店貓之一。
3. 附近弘大學生喜愛利用的空間。**4.** 香蕉莓果冰沙好喝。

café TABLE A

Add. 서울 마포구 창전동 6-37 번지
Location. 依照前往 COFFEE LAB 的路線，在 COFFEE LAB 上坡後對面的 7-11 附近就是 café TABLE A，橘色的外觀很容易看見的。
Open. 8:00 ～ 26:00，不定期休。

大人的休憩空間
café Berlin

café Berlin 與其說是咖啡屋，不如說是咖啡 BAR 的歐風復古摩登空間，本來也沒有預期要去。可是在弘大來來去去，每次經過從敞開的大窗看去時，還是被餘裕大器的裝潢給吸引著，那天下午就想為了避免回到家才念念不忘，不如就以一杯咖啡來換取一個記憶。

不過後來不是以咖啡，而是以一杯白酒來跟這裡的空間時間「交易」，是因為看見那很寬敞又放了很多酒樽的吧台前點餐，無意識間就想喝杯酒吧。

當天的 HOUSE WINE 價位不會太高，八千韓圜，卻是選了頗順口又冰鎮得很透的白酒。

選了一個靠窗古董鐵櫃前的位置喝著酒，翻著手上的雜誌，盤算著下一個散步路徑。

1. 一杯冰鎮 HOUSE WINE。
2.café Berlin 是攝影家開的咖啡屋。3. 窗邊座位總是搶手的。

1. 偶爾會在此舉行小型音樂會。2. 空間內有豐富的藏書和 CD。3. 店主最愛城市是柏林。

雖然每間在首爾讓人驚豔的咖啡屋空間，幾乎都是要用「空間好大」、「好寬敞」去形容，但還是要用重複的形容來給這間咖啡BAR定義，真的是好大，天井很高、空間用得很奢侈。

像是將兩個單位的老舊工廠或是倉庫給兩邊打通，隔間水泥柱和露出時間斑駁的水泥牆邊，擺放著滿滿的書籍的書架，那藏書量誇張些說根本就是圖書室規模。不是書架的牆上展示著黑白相片，大多也是歐洲的街景。另外，CD和DVD的收藏也相當豐富。

café Berlin算是弘大區域較新的咖啡屋，背後的老闆是一個韓文名字譯音「shin mi sik」的攝影家，難怪店內的格局有些像是攝影工作室。店內牆上放置的幾乎都是他的攝影作品，店內的家具據說也都是他選購的。這麼說來，牆上的照片的確有些是跟旅行中熟悉的柏林街景印象一致，店名取為Berlin，或許就是柏林是他偏愛入鏡的城市。

完全裸露的天花板垂吊的設計風燈具，在中間走廊空間更是很搶眼的古董吊燈。跟大部分的首爾咖啡屋一樣，café Berlin也是可以免費無線上網，因此客人大多都是一個人帶著電腦，有像是學生的，也有像是遊客。

店面外牆貼有演唱會、演奏會海報，到了晚上，「咖啡的香醇」就會一轉為「微醺的迷濛」，這正是弘大咖啡BAR的特色之一，週末夜晚會有很多現場表演進行著。

即使是大學校區周邊，所謂「弘大消費商圈」的夜晚卻是很耀眼的。舞廳夜店、樂團與劇團演出，儼然是一個不夜城。不過小小的觀察以為未必都是學生在消費，週五的晚上從很多餐廳露天座、從夜店喧鬧奢華空間看去的雀躍歡愉身影，大多都還是穿著西裝和一身幹練、身著週末特定都會洋裝的上班族男女。

café Berlin
Add. 서울 마포구 서교동 337-36 번지 1 층
Open.11:00 ～ 24:00，全年無休。
Tel.02-3143-0205
Location. 可參考前往 COFFEE LAB 和 café TABLE A 的路徑，café Berlin 位在 café TABLE A 斜對角。

在都會中溫柔的小酌一杯
Café The Air

過於喧鬧的夜店不是 Milly 熟悉的空間，自然不會想嘗試進去，更何況是一個女子的旅途。可是在夜晚有些涼風的弘大，四處好奇遊晃時，那一間間在夜色中流瀉出的躍動音樂和愉悅暢快的笑聲，還是讓 Milly 有些小小的寂寥起來。

也想在夜色中微醺一下。好在算是幸運的，這樣的心情在那寂寥感還沒過於折磨自己之前，在回去 HOTEL 路上大街對面的三角口，發現了一間在夜晚中露出溫柔燈火，看似可以小酌一杯的空間。

外面透出的燈光已經是很吸引人，推門進去，那柔和中帶著都會簡約感的空間更是立刻喜歡了。

這有夜晚包容旅人的祥和穩重，又處處顯露精準設計，可以用餐可以喝酒的都會咖啡屋是「Café The Air」的特色。

3

即使是第一次進去的空間，微妙的一下子就可以放鬆下來，如同空氣在身邊存在一般的。在低調不張揚的燈光和桌上燭火的演出下，喝一杯選得還不錯的紅酒是一種享受，之後大致看了一下其他的空間，想像著在陽光灑入的白天應該又是另一番風貌。那些牆邊擺放的綠色觀賞植物，像是可以呈現一個都會喧囂中「綠洲」的功能。於是很多女子來到這間咖啡屋，就多是利用來吃個清新午餐或是三五好友來喝下午茶，晚上一個女子的一杯小酌，大概是較適合旅人的。

1. 夜晚一杯紅酒時光。
2. 精準的利用水泥牆展現獨特的空間感。3. 中午這空間是上班族的人氣用餐區。

Café The Air

Add. 서울 마포구 서교동 374-10 LKII 빌딩 1 층
Open. 11:00 ～ 23:00；週末至 24:00，全年無休。
Location. 位置是在地下鐵二號線的「弘大入口站」和「合井站」之間。一般會選擇從合井站二號出口出來，沿著大馬路，向著「弘大入口站」方向走過去，約要走個五分鐘。

在清晨的陽光與綠意中
coffee smith

以前會想，如果少了 coffee smith 的新沙路樹街是很難想像的，畢竟從很久以前開始，coffee smith 就是路樹街的地標和象徵。

於是，當發現在弘大正門過去一些，在 GAP 的旁邊 UNIQLO 對面有一間比新沙路樹街更美好的 coffee smith 存在時，自然地又自作主張的決定，沒有了 coffee smith 的弘大是很難想像的。

咖啡屋背後經營者堅持，店前一定要有高大的路樹，於是跟路樹街的 coffee smith 一樣，弘大的 coffee smith 同樣可以從窗外看去一列的銀杏大樹，天氣好時會將一整面兩層樓的玻璃窗敞開，坐在二樓面向路樹的櫃檯座位上，那大樹近到似乎伸手都可以碰觸到一般。

同樣是極度寬敞的空間，同樣是清水混凝土牆面和地板，同樣是設置了很多木桌椅，而跟路樹街的 coffee smith 最大的不同則是多了些「大學城」的自由風，沒有那不同花色的沙發座位，加強的幾乎是每一個座位邊都有一個插座，方便學生可以使用電腦上網。

不過畢竟是觀光客很多出沒的區域，過了中午後，即使是如此寬敞、座位很多的咖啡屋一樣是客滿，因此建議可以的話，在一大早九點開店的同時進去，點個糕餅和咖啡在面向路樹的二樓座位，享用這間人氣咖啡屋清晨難得的清幽時間。

coffee smith 弘大店

Add. 서울 마포구 서교동 361-23 번지
Open. 09:00 ～ 25:00，週五、週六至 26:00，全年無休。
Location. 從「弘大入口站」出來後，目標弘大正門（那宏偉的四方拱門似的建築），正面看見弘大正門後在大馬路右轉，很快就會看見跟 coffee smith 的建築。

1. 早上九點開門可當作旅途早餐，開店同時入店獨佔悠閒。2.coffee smith 前的林蔭大樹。
3. 一樓天氣好時會打開窗戶變成露天座。

在年輕創意中品味
SangSangMaDang 咖啡屋

原本主要的目的，自然還是要去看看那現代藝術複合文化空間 Design Square ／ SangSangMaDang（想像庭園）的建築，建築是由韓國建築師裴大勇（Bae Dae Yong）設計。初次看見以為沒網路上看見的光鮮，外觀也被年輕創作者很自由的塗鴉。試圖拍下這有人稱說像是蝴蝶飛舞的建築全貌，周邊的停車位和電線杆又很礙眼。但畢竟是弘大現代藝術精神的指標性建築，還是該來朝聖一下。

SangSangMaDang 背後的贊助者是煙草公司，以「Art for Life」為主旨規劃出了這個地上建築有七樓，地下建築有四層的空間。

空間除了提供新銳藝術家的創作園地和展示外，還附設有放映藝術、獨立製片作品的電影院、小型音樂廳、藝廊、設計精品店和咖啡屋。

知道有咖啡屋自然不會忽略不去，於是在一樓逛完集合了韓國新設計師的設計精品店後，就搭乘電梯直衝六樓的咖啡屋。

還真是不愧是以設計為主題建築內的咖啡屋，空間感很好，顏色配置也很精準，尤其喜歡那書架龐大的桌上照明設計。難得的是視野也很好，選了個窗邊位置，可以俯瞰眼下的大學城風景。

咖啡不能說是好喝，好在負責沖泡咖啡的大學生模樣男子很有文化氣息，身高也高，就無意間加了一些分數（笑）。

1.SangSangMaDang 外觀搶眼，是空間感極佳的咖啡屋。 2. 咖啡未必好喝但是及格。 3. 充滿年輕創意。 4. 七層樓的複合空間。

Design Square ／ SangSangMaDang

Add. 서울 마포구 서교동 367−5 번지
Open. 12:00 ～ 23:00，每月第一個週一公休。
Location. 從「弘大入口站」九號出口出來往前直走（原本的五號出口），在第一個最大的弘大入口站路口左轉進去，就一直向前走，以弘大正門為目標，看見正門後又轉往「兒童公園」方向前進。
在第四個街口轉向前，就可以看見那醒目的水泥色鏤空圖紋外牆的建築。
Web. www.sangsangmadang.com

藝人開設的話題明星辣鍋
新森堂

韓文店名為「심슨탕」，是由韓國女明星皇甫惠靜開的明星辣鍋店。Milly 沒追過韓星，但是在友人的推薦下看了幾集由金賢重參與的《我們結婚吧》，因此當知道住宿的 HOTEL 附近，在弘大熱鬧的服飾店後面，有一間由皇甫惠靜投資、裝潢不錯的辣鍋店，就想可以去試試。反正都要去吃吃韓式辣鍋，不如就吃一個有些話題的店。

該說不愧是明星開的店，店的外觀的確是時尚些，店內的裝潢也像是家咖啡屋。牆上不能少的是很多明星的簽名，老闆娘皇甫惠靜的照片也不能少。

Milly 亂點了辣鍋配上奶油飯來吃，沒料到這樣辣辣的湯頭配上奶油香的飯，還頗對味的。

或許是不少海外的客人會來，桌上還有很清楚的「吃法」交戰手冊，照著圖說來做就沒問題了。只是還是少了一個關鍵，看見隔壁桌的鍋內有 Milly 最愛的泡麵，原本以為點了辣鍋就一定會有，其實好像要另外加點，真是失策。

還有，這樣的鍋只有兩人份一鍋是一萬六千韓圜，一個人吃份量是多了些。

新森堂

Add. 서울 마포구 서교동 355-21 번지
Open. 11:30 ～ 23:00，舊年新年、中秋節公休。
Location. 從「弘大入口站」九號出口出來，往前直走（原本是五號出口，近日改成了九號出口，一些較舊的導覽書可能會標示不同要注意），在第一個最大的弘大入口站路口左轉進去，之後再轉入星巴克對面的熱鬧服飾店區，路口會看見一間「TONYMOLY」。持續往前走後，會看見一個像是三角錐一樣的 Y 字形岔路，這間明星辣鍋店就在三角錐的右側位置巷弄內。

1. 辣湯內可以追加放入泡麵。2. 美味的小菜。3. 白飯上面加奶油的特別吃法。4. 裝潢的確較為時尚。5. 新森堂是韓星餐廳，店內有很多明星簽名。

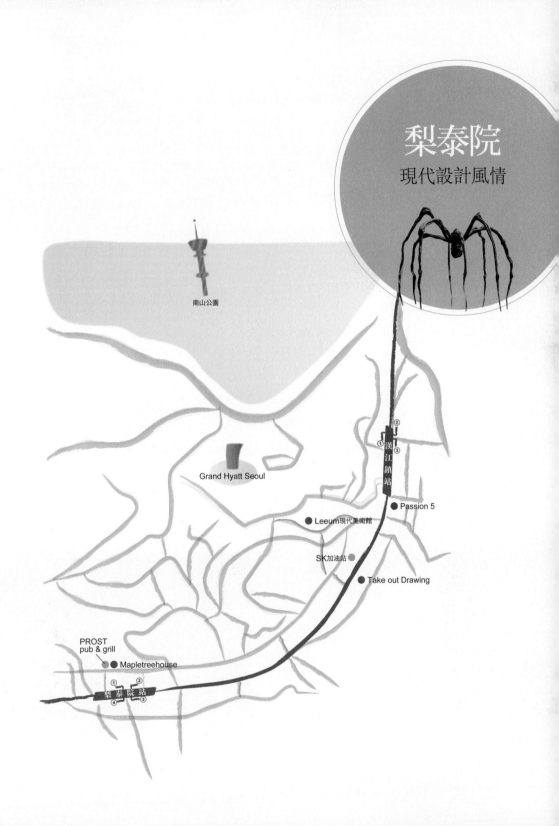

梨泰院
現代設計風情

南山公園

Grand Hyatt Seoul

漢江鎮站

Passion 5

Leeum現代美術館

SK加油站

Take out Drawing

PROST
pub & grill

Mapletreehouse

梨泰院站

或許是以往的印象太深刻，總以為梨泰院（Itaewon）就是駐防美軍飲酒作樂的地方。可是從網路上的傳聞顯示，梨泰院已經不一樣了。

除了依然是在首爾吃不同國籍料理的首選地區，但是也多了很多有風格的咖啡屋、糕點屋，更何況一直想再去尋訪一次的 Leeum 現代美術館就在這個區域。於是決定再去漫遊看看，更進一步的還將一晚的住宿預約在梨泰院的設計風 HOTEL「IP Boutique Hotel」。

距離前次探訪不過是兩年不到，這次重遊的確很清楚的感受到梨泰院逐漸在蛻變中。

首先原本那些軍用品店在大街上幾乎消失無蹤，專門賣給老美的皮件店也少了很多，連那些惡名在外，拉攏路人買假錶的人也不見了。

更讓人興致高昂的，還有在往 Leeum 現代美術館的路上多了好多有個性的雜貨屋和咖啡店，外觀明亮的名牌服飾店 COMME des GARCONS 也佔據了不錯的位置。

這些帶著些清新和品質、現代風的店家，似乎真的讓梨泰院注入了新的活力，漂亮的轉型中。

Milly 主觀以為，這一切改變的原動力正是那在梨泰院山丘上的 Leeum 美術館。

1.&3. 玻璃牆面的 COMME des GARCONS。2.&4. 梨泰院的異國風餐廳很多。5.be shop 有藝廊有餐廳。

韓國最大的私立美術館
Leeum

Leeum 現代美術館是韓國最大的私立美術館，由韓國的大財團三星企業擁有。

主要展示區分為韓國傳統美術、近代美術和世界美術，前去的方式是搭乘地鐵六號線在漢江鎮站一號出口出來，再爬坡步行約五分鐘。

Milly 則是從住宿的 IP Boutique Hotel 出去後左轉，一路往前，在經過 COMME des GARCONS 隱約看到黑點圖案的巨型玻璃屋般的附設咖啡屋後，再左轉，根據路口的玻璃柱指示牌前進，爬上坡路不久即可看見那現代感十足的美術館建築。

在進入美術館前先去一旁的露天廣場看看，在這廣場上會看見一大一小的兩隻熟悉模樣的黑蜘蛛。原來在東京的六本木 Hills 廣場上也有一隻同樣出自當代建築大師 Louise Bourgeois 的黑蜘蛛，其要表現的意念想必也同樣是隱喻情報網路吧。

1.Leeum 現代美術館讓梨泰院多了氣質。2. 美術館周邊有不少質感商店。3.&4. 大師 Louise Bourgeois 的黑蜘蛛。

建築本體則是由三大建築師馬利歐・波塔（Mario Botta）、強・努維爾（Jean Nouvel）和雷・庫哈斯（Rem Koolhaas）設計，三個區塊的建築展現不同的風格。

MUSEUM1 是「古美術館」、MUSEUM2 是「現代美術館」，兩個區塊以服務台兼售票的 LOBBY 區隔，入場券費用是一萬韓圜。

主觀意見是以為傳統美術方面沒多大看頭，除非你對韓國歷史真的很渴望理解，現代美術部分則是不同時期有不同的主題和作者展覽。如果不是對自己的美術素養很有信心，其實倒也不一定非要進去展覽區。像是 Milly 除了第一回在好奇的心態下，進去了個展區認真的走一回外，包含這一次都只是在不同的天氣記錄下那一日美術館建築的姿態。

基本上，除非是真的很精采的美術館或是博物館，Milly 通常對美術館博物館的建築本身興趣較大，看看外觀再進入內部親身體驗大師們設計的空間語言就已經很滿足，接著就是美術館的咖啡屋喝杯咖啡或是用個餐，讓一個美術館巡禮畫上一個美好的句點。

以經驗值來說，一間有特色的美術館一定會有間有特色的咖啡屋，幾乎是絕對的存在。

在Leeum的大廳旁就有一個很濃厚的「村上隆」概念的咖啡屋。在咖啡屋的斜對角是美術館常設展、設計師作品和美術館本身的周邊商品，逛逛商品區也可以窺看到一座美術館的風格。

這種間接去消費一間美術館的邏輯不是很有邏輯，但是只要是自己喜歡的邏輯，其實也未嘗不可。

1. 村上隆風貌的美術館咖啡屋。
2.&4. 光是建築空間就很有看頭。
3. 三星集團投資的美術館。

Leeum 現代美術館

Add. 서울 용산구 한남동 747-18 번지
Open.10：30 ～ 18：00，週一、元旦、舊曆年和中秋節休館。
Location. 搭乘六號線在「漢江鎮站」下車，從一號出口出來，步行約五到六分鐘。
Web.www.leeum.org

糕點麵包奢華風
Passion 5

在前往 Leeum 現代美術館的路上，可以看見在 COMME des GARCONS 的對面有一棟很搶眼的黑色現代風建築，黑色建築前有一個很對比的大紅色鳥模樣雕塑。

不說分明，一定會以為這也是什麼現代美術館，一進去才恍然大悟，原來這是一間豪華版的糖果蛋糕屋。

Passion 5 是在首爾街頭經常看見的 Paris Baguette、Dunkin Donuts、Baskin Robbins 等食品店舖 SPC 集團旗下所經營的高質感糕點店，Passion 5 這店名則是以麵包（Bakery）、蛋糕（Patisserie）、巧克力（Chocolate）、咖啡（Cafe）、加上熱情（Passion）衍生。

幾乎跟其他國際大都會一樣，大多的大型咖啡屋、麵包屋或是餐廳都偏愛取「英文」、「法文」的店名，對於外國人真是一大體貼，否則都是韓文的地名還真的有些讓人茫然。

店內除了品類豐富質感也頗受肯定的麵包、餅乾、糕點外，冷藏玻璃櫃內還擺放著不同口味的，韓國以往較少看見的手工頂級巧克力和布丁等。

不知道是不是要突顯這間糕點舖有別於其他系列糕點屋的大眾化印象，Passion5 內裝真是極盡奢華，一走進入口的那巨型黑色大水晶吊燈就跟一般麵包屋的印象大大區隔，甚至有些地方會呈現奢華過了頭的違和感，據說在規劃時是希望在選擇甜點有著逛畫廊、藝廊般的樂趣和氣氛。

Milly 很愛吃布丁，在首爾的咖啡屋和蛋糕屋內很少看見布丁，因此在店內看見裝在類似牛奶瓶的布丁時，就不多猶豫的外帶了栗子口味的布丁回 HOTEL，吃後的感想是很滑潤、有些甜膩，但是栗子味很濃郁。

黑建築＋紅色鳥是標記。

整體空間都是奢華。

在奢華風的店內享用這些糕點也可以，只是果然是人氣店；在週六的午後，那偌大的空間一位難求，還有不少情侶等著入座。

除了建築搶眼的 Passion 5，在梨泰院的大街上，同樣是小歇好選擇的咖啡屋還有名牌服飾 COMME des GARCONS 的附設咖啡屋、以藍色風情著稱的 the flying pan blue。

the flying pan blue 跟新沙路樹街的 The Flying Pan White 是姊妹店，據說店主在海外居住了十多年才回到首爾開店，也就是說這裡的洋食正統度就可以較為保證，或許也正是店主將第一間店開在外國人出沒頻繁梨泰院的關係。

the flying pan blue 是首爾風行「早午餐（brunch）」的潮流先驅，這裡的菜單上的「All Day brunch」的選擇甚至超過十種，要不是住在梨泰院的那日隔天一早要搭機返國，否則是怎麼都不該錯過在這裡住宿、在 the flying pan blue 吃早午餐。

如果不單單是想喝杯咖啡，在大街上有一棟很大型異常搶眼的咖啡屋「Between」就是一個好建議。甚至在分類上不是那麼適宜把 Between 歸類為是咖啡屋，說是 LOUNGE 或許更適切，雖說這裡靠近街道的座位，在午後時分滿滿的客人在此享用著下午茶。

是一個白天和黑夜，完全不同表情的用餐空間。

不過正是因為 Between 本身真的是太大太有架式，裡面的金髮碧眼外國人又太多，一個人進去怎麼都以為不是很舒服。幾個人一起出遊的話，這裡倒是可以在旅途上開個歡樂小派對的好選擇。Between 從梨泰院站的二號出口出來，沿著大街走個三分鐘左右，即可看見那面向大街顯眼的建築，週六日是晚上十一點開店，一直到凌晨兩點才休息，週五的夜晚甚至一直營業到凌晨四點。

藍色風情 the flying pan blue。

Passion 5

Add. 서울 용산구 한남 2 동 729-74 번지 1 층
Open. 7:30 ～ 22:00，地下餐廳是 11：00 ～ 20：00，全年無休。
Menu. 布丁 ₩ 3000 ～ ₩ 3500，在此吃早午餐約 ₩ 15000。
Location. 跟前往 Leeum 美術館的動線相同，在進入美術館坡道前就可以看見對面那顯眼的黑色建築。或是記住搭乘六號線在「漢江鎮站」下車，從三號出口出來，步行約兩分鐘。

值得吃吃看的烤肉午餐
Mapletreehouse

來到首爾，即使是一個人，不吃吃韓風烤肉，還是小有遺憾。

可能是心理作用？或是的確是民族性的整體氛圍使然，總覺得在韓國，一個人在烤肉店吃烤肉是很怪異的行徑。在日本，Milly 可以一個人去吃烤肉，可是在韓國就遲遲不敢邁出第一步。

在即將放棄的前夕，在梨泰院地鐵站的後方，那最多餐廳的區域，居然看見了一間不像是烤肉店的烤肉店 Mapletreehouse，在第一眼就認定，如果是這間店，或許可以一個人去試試看。

這樣的判斷是因為 Mapletreehouse（楓之家）的外面貼著有圖片的菜單、有午餐的特惠套餐，更重要的是餐廳的裝潢跟一般傳統的烤肉店不同，多了些 WINEBAR 的風味，說是飄散著高級感也 OK，當然也是遷就梨泰院美軍和外國人常出沒的緣故。

Milly 告訴自己不能再遲疑，這回如果繼續遲疑，那在韓國一個人吃烤肉的任務就會宣告失敗了。

1.Mapletreehouse
是都會風烤肉店。
2. 一人吃兩人份烤
肉套餐。3. 店內阿
姨店員熱心幫忙烤
肉。4. 用醃過的芝
麻葉包著烤肉吃。

餐廳的內裝從明亮的窗戶外早已確認，是以木頭和樹幹妝點出來的度假屋風，應該是比度假旅店的餐廳風格高檔一些。有趣的是每張桌子上都有個吸煙的管子，於是讓空間多了些「後現代」的味道。

點了餐工作人員才會端出烤爐，跟一般烤肉店，烤肉盤直接鑲在桌上是不同的。只是，即使有特惠的中午套餐（一份烤肉午餐不過是一萬多韓圜，幾乎跟一些咖啡屋高級一點的刨冰同樣價位），餐廳在點餐設定時根本沒想過一個人的點餐，就是說原來午餐套餐必須是兩人份才能點餐。

沒問題！兩人份也不過是兩萬多韓圜，不是太大的奢侈。兩人份的牛肉端上來一看份量還不少，但對無肉不歡也頗有胃口的 Milly 來說，也不會因此被嚇到，一樣從頭到尾吃光光。

店內年輕幹練的店員負責點餐，歐巴桑店員則是很熱心的幫著客人烤肉，教導提醒觀光客怎麼吃、何時該吃！烤肉醃得很入味，包上特色的醃芝麻葉更是開胃。

Mapletreehouse 楓之家

Add. 서울 용산구 이태원동 116-1 번지
Open. 11:30 ～ 22:00，元旦、舊曆年、中秋節公休。
Menu. 午餐一人份 ₩ 10900 ～ ₩ 11900，但最少需點兩人份。單點肉品兩百克大致為 ₩ 11000 ～ ₩ 15000。
Location. 從六號線梨泰院站一號出口出來，第一個街口左轉出去，看見第一個巷口在左轉，往前些的右手邊，就可以看見褐色建築的 Mapletreehouse，一旁還有大型的啤酒 BAR「PROST pub & grill」，步行距離約兩分鐘。
Web. www.mapletreehouse.co.kr

絕對自由、絕對創意的
Take out Drawing

小菜中的杏鮑菇很是新鮮，沒吃過的料理口味也很喜歡。

大口的吃、開心的吃，當然 Milly 還是不會忽略到其他桌的客人側目的眼光。沒問題！好吃最重要。

引起 Milly 興趣，走進這間咖啡屋不為別的，真的就不過是光是看外面草地上，一些人幾乎是像自己庭院般放鬆喝著飲料聊天的情景，就想進去一探究竟。一進去看，裡面的空間果然讓人眼睛一亮，感覺上是一個將廢棄工作室改裝的咖啡屋。

看看資料，原來是藝術品展覽加上咖啡屋的組合。多了些「ART」、「創意」的企圖心，空間的玩心就豐富很多。

有的牆面被打通、有的牆面是彩繪、有的牆面敲出圖像、擺放的桌椅、書架、燈飾，恍然一看很凌亂，可是微妙的設計卻不會讓人很煩躁，反而很放鬆，似乎這樣的空間可以容許任何意念和想法。

1.&4. 二樓的靠窗外的位置最搶手。2.Take out Drawing 散發著自由風。3. 集合了藝術、創意和休閒的空間。

說起來，如果光是看觀光資料，首爾原本主要的藝廊區是在「仁寺洞」、「三清洞」和「弘大」。可是近年來梨泰院多了很多這樣兼具展覽的咖啡屋空間，或許是因為這個地區有著「Leeum」美術館的關係。Leeum 是以現代藝術為主軸，於是這裡的展示空間也多是這個方位的，連那高級麵包屋「Passion5」或是高檔美食餐廳「B kitchen」，在外裝外觀上都有展現現代建築和裝置的意圖。

Take out Drawing 的一樓放置著藝術範疇的書籍和雜誌，除了提供翻閱也有販售。據說咖啡屋本身也有每月發行的 Free Paper 藝術人文情報誌。

二樓則是簡單說，是有些廢墟感的空間。正是這樣的空間，才能讓藝術家充分的發揮想像和創作的動力，二樓最搶手的位置是可以完全眺望到街景的陽台露天座。因為這空間實在太有個性，於是這裡更是附近藝術家和影劇導演們很愛滯留的地方。

這裡的飲料也是頗具創意，最熱門的是「保羅的蛋白霜工廠」，這是在濃縮咖啡杯上出現了像是刺蝟冰山模樣的蛋白糖霜脆餅（meringue），七千五百韓圜。菜單上沒這樣的中文名稱，或許可以記得上面飲料編號是：d24，即使不記得名稱，那像是外文報紙的菜單上會有這飲料的圖片，用手指也可以溝通的，畢竟是大人氣的飲料店，店員大概也很容易溝通。

Take out Drawing

Add. 서울 용산구 한남동 683−139 번지
Open. 11:00 ~ 24:00，舊曆新年和中秋節公休。
Location. 從地下鐵六號線「漢江鎮站」的三號出口出來，往梨泰院站方向一直向前走，通過 Passion 5 後再直走一些，約五分鐘後就可以看見。因為沒有彎路轉折，迷路的因素不多。
Web. www.takeoutdrawing.com/take3/index.asp

Slow Garden三清洞店 ●

昌德宮

好視野傳統茶屋 ●

青瓦大路

三清派出所 ●

三清路

景福宮

Tea Therapy ●
Gallery Dahm ●

德成女子高中 ●

② ③
安 國 站
① ④
⑤
⑥

三清洞

悠閒漫步

基本上，不論是仁寺洞或是三清洞觀光區（Samcheong-dong），都可以跟觀光景點景福宮的旅遊連結在一起。一大早反正很多店家都沒開，不如就先去觀看第一場在十點開始的景福宮守將交接儀式。景福宮是有六百年以上的歷史，李朝時期留下來的正宮。景福宮的門票只要三千韓圜，參觀四大宮的綜合參觀券則是一萬韓圜，正殿前的大廣場則是自由進出的，只是雖說環繞著景福宮有著很茂盛的行道樹，可是景福宮內卻是綠蔭很少，天氣好時真是好曬。

交接儀式做得很逼真，彷彿看了一場短篇的古裝韓劇。看完交接後，可以再去一旁的「國立古宮博物館」，入內是免費的，收藏還算豐富，三層樓的館內有著跟朝鮮王室相關的文物，達到四千件以上。這間在景福宮圍牆內的國立古宮博物館在二○一二年的八月剛剛整體翻修完工，就是 Milly 去拜訪的時候呢，真是幸運。

結束了博物館的參觀後，還可以到一旁的博物館內咖啡屋「Gogungddurak」用餐或是喝咖啡，這間咖啡屋的戶外庭院很寬闊，可以在室外享用傳統韓國茶點，或是很配合參觀過景福宮情緒的吃一份「宮中料理」套餐當作午餐。

這間博物館附屬的 Gogungddurak 咖啡屋在早上九點就開門，也就是說如果太早到達景福宮，在等待交接儀式前可以來到這裡小歇，躲躲寒風避避暑。

如果搭乘地鐵前來，從「景福宮站」的五號出口出來，出了路面的右手邊就可以看見這間咖啡屋的入口，只是從票口要走到出口外面，有些小距離，大約要走上個三到四分鐘。用餐要等到十一點半之後，週一跟著博物館的休館日也不營業。

在景福宮的兩側所謂的「三清洞」和「孝子洞」區域，有著很多好情緒的餐廳和咖啡屋可以選擇，Milly 倒也不心急，快快的在結束景福宮巡禮後就在此用餐，多走些路多些興致，可以發現到更多美好的小歇空間的。

Milly 在品味這首爾最推薦的韓風傳統區域時，會以兩個方位進行。一個是將「仁寺洞」、「三清洞」連結成一個區域，一個是從景福宮出發連結「孝子洞」的另一個區塊，而孝子洞實際上近年來趨向是將昌成洞和通義洞也涵蓋在裡面。

不同的兩日，不同的路徑。

第一天是搭乘三號線在「安國站」下車，從一號出口出來後右轉，轉角有間星巴克。走個三十秒左右就向右轉往「德成女子高等學校」方位前進，這條路一直往前走，到了一個大斜坡的岔路口後，左轉往前會看見景福宮的圍牆，順著圍牆旁的岔路繼續走著，就可以進入三清洞。

其實一路上已經有些很可愛的雜貨屋、服飾店、藝廊和咖啡屋，要一路專心的走去三清洞還真是有些難度（笑）。

Milly 就是在進入這條整理得很整潔的步道前進時，走了約十分鐘後就被一間可愛的茶屋咖啡給攔了下來。

Tea Therapy 店外的看板寫著全名是「Tea Therapy ～ CAFÉ Gallery+School」，實際上後來看資料才知道，原來這是一間在東京也有分店的「韓方」咖啡屋，說是韓方茶，應該是要跟「漢方茶」做一個對照吧。

Milly 是一眼被那可愛的外觀和店前很特別的木製「足湯」給吸引，才在開店同時的十點整進去，還完全狀況外的點了適合當作早餐飲料的熱可可，完全無視於這原來是一間建議以喝清淡的韓方茶來養生和美容的茶屋。不過可可是很好喝的，不去管那店內後來才發現的韓方茶包和像是中藥材的陳設，真的還完全自以為是的認定，這是一間住在韓國的日本人開設的一間很日本風貌的咖啡屋，店員本身也是完全能以日文溝通呢。

先將誤解澄清，這是一間韓方茶屋，雖說菜單中一樣可以點咖啡拿鐵等，十一點半後也有午餐供應，只是午餐還是以健康養生為主題，還會附贈免費的店前有療效的足湯服務。

1.Tea Therapy 是韓方茶屋，裝潢典雅。2.店內有韓風現代瓷器販售。3.是古民家改裝的空間。

一進入店內，首先看見的是天井很高、開著大窗的教室，不當教室時也可以當作一般的咖啡屋空間。

門邊則是擺設著韓風瓷器作品，是可以購入的，不光是展示。之後進入另一個房間，是有著老屋木樑和調理櫃檯的咖啡屋空間。

在牆邊則是放置著包裝很精美的韓方茶商品展示櫃，每個茶包前都寫有日文，可見當初主要認定的客層就是日本人。據知如果點的是韓方茶，店員還會很細心的詢問你的體質是寒性還是燥熱等，Milly點的是可可，自然沒這樣的貼心問候。

離開 Tea Therapy 後繼續向前一小段路，可以看見一個很搶眼的現代建築，似乎是藝廊和藝廊的車庫。然後眼前會出現一個大馬路，這馬路有些陡坡。

在面對坡道的右手邊有一間很不錯的大樹下的咖啡屋「TO GO COFFEE」，左手邊則是「聞香齋」。這時要往景福宮方位前進，因此要往左邊以上坡的方向前進。不久後會先看見一間頗大的「Coffee Bean」，咖啡屋對面是觀光諮詢服務中心，迷路的話這裡可以提供多國語言詢問，而在觀光諮詢中心的後方則是「首爾教育博物館」。

走到跟觀光諮詢中心同一面的街道上，很快的會看見一個門口敞開，擺放著現代風桌椅的 NESCAFE，去程因為剛喝了熱可可，於是就視而不見的經過。回程時才進去點一個香草冰淇淋加上濃縮咖啡的飲品，讓自己消消暑氣，順便提提神。

1. 每個茶都有養生功效。2. 一早喝了熱可可。小小花朵的情緒演出。3. 外頭也充滿了綠意。4. coco bruni 三清洞分店。

雖然不是什麼個性化的咖啡屋，雀巢咖啡更是熟知的即溶咖啡商品，但是這間 NESCAFE 的沙發真的很好坐，店內冷氣很強，更有不錯的窗外景觀，當作順路上的小歇是不錯的。

在 NESCAFE 一旁是面對草坪純白建築的「coco bruni」，比起 NESCAFE，這間 coco bruni 更適合女子聊天或是男女約會，因此小小的觀察，一家大小的就會選擇 NESCAFE，情侶檔的就毫不猶豫會選擇 coco bruni。其實呢，在經過 coco bruni 後右轉，在面對景福宮前林蔭大道的還有間很古雅氣派的「café aA（三清洞店）」，這間咖啡屋不但有豐富的飲料可以選擇，用餐時間還有在店外陽台現場碳烤的 BBQ 套餐，價位約一萬八千韓圜。在夏日的黃昏後、黑夜間，來此點杯啤酒，吃著份量十足的 BBQ 套餐，是在首爾吃泡菜鍋外的另一種味覺轉換。

從 café aA 旁的岔路進去，就是所謂的三清路。它是日本觀光團或是自由行的遊客，在去過景福宮前後，一定會放入行程的區域。這個區域除了可供觀光的「本村韓屋」外，更有許多傳統風貌的茶屋、韓國料亭，和讓人眼花撩亂、不知道該選擇哪一間進去才好的咖啡屋，各式各樣傳統的、歐風的、現代都會風的、連鎖系列的、個性風的咖啡屋。同樣的，要全部體驗是不可能的任務，只是挑選 Milly 自己很好奇也以為具有特色，可以分享體驗的咖啡屋空間。

Tea Therapy 三清洞店

Add. 서울 종로구 안국동 6-1 번지
Open. 10:00 ～ 21:00，舊曆新年、中秋節公休。
Menu. 午餐或是一壺茶大約都是 ₩ 7000 以上。
Location. 從三號線安國站一號出口出來後，在第一個街口右轉進入，直線前進約 10 分鐘後可在右手邊看見在藝廊（Gallery Dahm）旁，這間以韓屋改建的韓方茶屋。路途中經過德成女子高中時，不久會看見一個交岔路口，要往右手邊的道路前進。

吃早午餐的好地方
Slow Garden 三清洞店

從三清洞路一直向前，幾乎是要走到尾端，就可以看見這間外觀像是旅店的紅磚歐風建築咖啡屋「Slow Garden」。平日已經是人氣頗高的咖啡屋，到了假日上午更是要排隊入座，不論是慕名而來的觀光客或是首爾當地人，專程來吃的正是這裡正統又豐盛的早午餐。

進入咖啡屋空間，第一眼被吸引的絕對是廚房跟點餐糕點櫃檯間的牆上，描繪的那朵鮮豔奪目的大紅花。這樣的大紅花放在寒酸拘謹的空間內，必定會礙眼俗氣，可是放在這間大大器器擺放著古董家具、垂吊著華麗典雅水晶吊燈的 Slow Garden 中卻是恰如其分。

空間很大的咖啡屋，分成幾個房間無隔間的座位區，前後也有陽台座位。建築本身是紅磚和木樑木柱的構成，整體呈現的是殘舊的氛圍。因此那些牆上繪製的大紅花和水晶燈，便可以完全抵銷那殘舊感，呈現出一種頹廢奢華美學。

這裡點餐必須自己去櫃檯點後，領了飛碟型的牌子再等牌子震動後前去領餐，早午餐是到下午兩點半為止都可以點餐。

除了那大人氣的早午餐外，Slow Garden 三清洞店的鬆餅據說更是首爾人以為是最好吃的，喜歡吃鬆餅的人可以去評鑑看看。

1. 開放廚房外的大紅花壁畫好美。2. 是旅途吃早午餐的好推薦。
3. 每張椅子都不同。4. 老屋配上水晶燈呈現古典奢華風。

Slow Garden 三清洞店

Add. 서울 종로구 삼청동 15-2 번지
Open. 09:00 ～ 24:00
Menu. 法國吐司早午餐約是₩ 13500，鬆餅是₩ 9000 ～₩ 15000。
Location. 要前去 Slow Garden 吃早午餐一定要有信心和耐心，因為從三清洞入口進去後，要一直不轉彎的向前走，繼續向前走，大約要走個 10 多分鐘才會到達。
好在沿路店家不少，一路走去應該不會太枯燥。
Web. www.slowgarden.co.kr/main.php

這間位在傳統韓屋林立、閑靜山丘上的韓式茶院，店名是韓文發音無從記憶，於是 Milly 就只能姑且稱這是一個在三清洞的高台韓屋茶室。位置距離九百多間韓屋密集的北村很近，可是北村散步後的小歇點。或是像 Milly 一樣在三清洞主要的大通上散步後，再於警察局旁的小路進去，之後在第一個角落左轉，是一個陡坡向前，大約兩百公尺後看見一個巷道，在上坡巷道和一旁道路間的三角位置，就是被綠意庭園環繞著的古意韓屋。

穿過木門脫鞋上去，就是每個位置都可以看見中間美麗花園的高台韓屋茶院，當然坐到靠窗可以俯瞰韓屋又可以看見季節花朵庭園的位置更是搶手。不是很大的空間，一切都只能看運氣和緣分。

似乎不是很容易尋獲的位置，其實只要從警察局進去的巷道後上坡，簡單來說看見那紅磚煙囪就幾乎是到了茶屋的位置了。

Milly 點了放入冰凍著白色香花的清涼五味茶，一口口喝入身體暑氣全消，淡淡的果子酸甜滋味很是清雅。據說老闆本身也經營著陶瓷器藝廊，因此在這茶院端出的器皿也是品味的一部分。

在仁寺洞和三清洞境內傳統的茶屋不少，只是論位置論清幽度，這間茶屋絕對是第一的。

好視野傳統茶屋 차마시는뜰

Add. 서울 종로구 삼청동 35-169 번지
Open. 11:00 ～ 22:00，舊曆年、中秋節公休。
Menu. 茶品約是 ₩ 6000 ～ ₩ 7000。
Location. 在三清洞路上先找到那間不大的警察局（三清派出所），面對警察局正面的左邊小路轉進去，大約走個四十公尺後在看見第一條路口左轉，沿著略陡的坡道前進，約兩百公尺後右手邊可以看見三角地上小坡道旁的一間韓屋，就是茶屋了。

MMMG café & store ●
郵局 ●
安 國 站
②
③
④
⑤
①
⑥

i
遊客旅遊中心

仁寺洞路

o'sulloc tea house ●

仁寺洞
觀光客大歡迎

東京社 ●●
休 FUSION RESTAURANT

仁寺洞（Insa-dong）是對觀光客最體貼的地方，這裡的店家尤其是餐廳，幾乎都有英文、日文的菜單，同時還會加上圖片，看著圖片點餐真是容易多了。此外，各式各樣的韓國料理餐廳幾乎皆有個人份的餐點，即使一個人也可簡單的享用，免去了一個人旅行時很不容易進去一般韓國料理餐廳吃飯的困擾。

不僅如此，在仁寺洞主要的街道上和兩旁的巷道內，有著很多不用門票就可以入內參觀的藝廊、可以享用傳統茶點的茶屋、販售瓷器、紀念品的店家、昔日風貌的草藥舖等，整個區域等於將韓國歷史人文縮影在這個不是太長太寬廣的區間內，遊晃一遭多少會有些錯覺：自己不光是以「味覺」和「錢包」在貼近這個國家，實際上也接觸了這個國家的文化，即使是商業包裝後的呈現。

1. 偶然發現的韓風藥材舖。2. 走進小巷更見風情。3. 仁寺洞對外國觀光客最善意。

3

一大早遊晃仁寺洞時沒多少猶豫就進去了這間「o'sulloc tea house」，畢竟以空間感和店面的清潔度來看是好感度很高，更重要的是上午九點就開店營業，在周邊的店家都大門深鎖時，只有 o'sulloc tea house 敞開明亮大門歡迎著。

是由韓國綠茶飲品「雪綠」所規劃的「茶咖啡屋」，在開業當時可是韓國首創的茶屋咖啡。

空間設計格調極佳，一樓是販賣部擺設著包裝精緻的茶禮盒，二樓是以綠茶的顏色加上竹子的禪意風情。好奇的上了三樓去看，則是更沉穩歷練的風格，房間的規格像是意念完整的亞洲風設計精品HOTEL。不過客人都集中在二樓的多，據知在三樓用餐菜單是不同的，價位較偏高。

1. 綠茶色系空間。
2. o'sulloc tea house 走時尚風。3. 三樓空間升等，飲品價位也升等。

來到茶屋咖啡自然要點茶類飲品，選了抹茶套餐。有一杯加上蘋果凍的奶茶、附上紅豆泥的鬆餅和一杯抹茶霜淇淋。雖說是有霜淇淋，讓人誤以為這是下午茶套餐，其實是早上九點至十一點間供應的早餐套餐，一份是九千韓圜。

o'sulloc tea house 使用的都是濟州的綠茶，而濟州原來是世界第三大的綠茶栽種地。

o'sulloc tea house 在明洞、狹鷗亭等繁華區都有分店，外觀都很有時尚風格，擔負的卻是承繼韓國綠茶文化的使命，儼然是都會裡「茶園」般的存在。

在仁寺洞內除了這較為時尚風貌的 o'sulloc tea house 外，能喝到韓國傳統茶和茶點的還有「耕仁美術館傳統茶院」、「茶博物館」等，另外意外的可以悠閒喝一杯綠茶飲料的，還有位在安國站一號出口邊上的 MMMG。

1. 韓風點心很精緻。2. 有各式包裝狠設計的禮品。3. 抹茶點心組合。4. 加入竹子及綠葉的舒適空間。

o'sulloc tea house 仁寺洞店

Add. 서울종로구관훈동 170 번지
Open. 10：00 ～ 22：00，全年無休。
Location. 從地下鐵三號線安國站的六號出口出來後直走，看見路口的觀光諮詢亭後左轉，直走大約四分鐘後，右邊可以看見黑灰色外觀氣派的三層樓建築。

年輕創意充滿 MMMG
café & store

在上次前來三清洞、仁寺洞境內時，就已經留意到這在大馬路林蔭樹人行道邊上，安國站一號出口出來，左邊五十公尺位置上的可愛咖啡屋「MMMG café & store」。

只是那時可能是因為窗戶內陳設的相簿、相框等文具，Milly 還一度誤解這是一間攝影工作室什麼的。這次再次路過就決定一定要進去一看，這才知道，原來這是由韓國人氣文具品牌 MMMG 開設的商品販售和咖啡屋的空間。

那時在店前看見的腳踏車，這次再去發現已經被掛在外牆上，當作外觀裝置的一部分。

1.MMMG 附設的咖啡屋。2.&3. 午後悠閒一杯的好推薦。

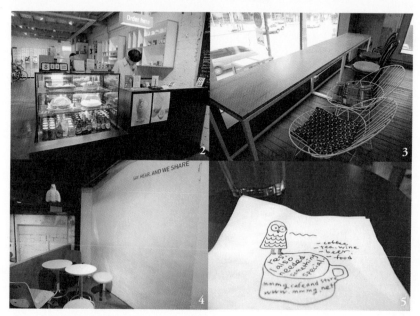

MMMG 是由幾個美術大學的同班同學所創立的品牌，風格不是很韓風，倒有些北歐文具的風味，不會只偏重可愛去討好小女生，簡單的線條和顏色組合，是簡約的、有時帶些小小的幽默和叛逆。

進入店內，上個微妙的小臺階來到點餐櫃檯，點了綠茶拿鐵，心想畢竟是在仁寺洞的區域內，就是想喝些淺淺綠意的抹茶感覺飲品。

如果是熱飲的話，可以看見端上的咖啡杯上也有 MMMG 設計的圖案，冷飲的話能窺看到設計風的則是印有貓頭鷹圖案的餐巾紙。

上了二樓，一個人的客人佔多數，他們或是看書或是專注地看著電腦，本來想佔據可以看見濃密綠意行道樹的窗邊位置，可是又好奇著那更裡側的濃濃北歐風家具沙發的位置，於是猶豫之下，還是選擇了沙發座。

每一個位置像是都很舒服，每一個角落空間的表情也不同，一間不會讓人感到膩的咖啡屋。

1. 每個空間都好想坐坐看。2. 店員的服裝也是綠色的。
3. 午後悠閒一杯的好推薦。4. 一面白牆讓人好想要寫上
留言。5. 適合自己窩著的小角落。

MMMG café & store

Add. 서울 종로구 안국동 153 번지
Open. 10:00 ～ 23:00，元旦、舊曆新年和中秋節公休。
Location. 安國站一號出口出來後左轉，步行不到一分鐘
內就可以看見郵局旁邊，水泥建築的 MMMG café。

本來想奢華的在仁寺洞吃一個午餐，地點是以朝鮮王朝最後一個王妃的宮殿再生使用的「閨家茶軒」，興沖沖要去吃的據說是超乎印象的石鍋拌飯。可是，意想不到的居然大滿席，要等位也不能確定該等多久，於是放棄的往更貼近觀光客的大通去覓食，沒有設定目標，感覺好奇的巷子就繞進去瞧瞧。這時看見一間很有獨特風格的「休 사람과나무 FUSION RESTAURANT」，外觀內裝都是韓屋風貌，卻是天井垂掛著摩登的燈飾。看看店前的看板廣告，知道這裡供應有韓國傳統的「鍋物」、「粥品」和「韓定食」，還有圖片的菜單可以參考，看板上標示的餐點價位也不是很過分的觀光區規格，午餐套餐是八千韓圜上下可以搞定，更重要的是似乎一個人或是外國人也可以輕鬆進入的氣氛。

探頭看看一個金髮老外，就一個人坐在窗邊很認真的喝著啤酒吃著小菜。於是不猶豫的推門進去，店內果然明亮乾淨，用餐的客人不單單是觀光客，韓國人的客人佔了大多數。

看著容易理解的菜單，點了碳烤牛小排套餐，這裡的所有碳烤料理例如「碳烤五花肉」、「辣炒雞肉鍋」，都是料理好才端上來的，因此用餐完全沒有油煙味。附上的小菜好吃，還有熱騰騰的鐵鍋豆腐湯。

休 사람과나무 FUSION RESTAURANT

Add. 서울 종로구 관훈동 5 번지
Open. 11：30 ～ 22：30，全年無休。
Location. 位在仁寺洞路的巷內，這個區塊的小弄小巷很多，店家的更動也頗大，實在很難明確的標示出前進的定位。原則上還是從安國站六號出口出來後直走一段路，在觀光諮詢亭（遊客旅遊中心）左轉前進，進入仁寺洞路，從遊客旅遊中心開始算，大約是左手邊第八條巷口進去的位置，會先經過一家韓國陶瓷器展示店，在巷口會立上指引的看板，有提示作用。

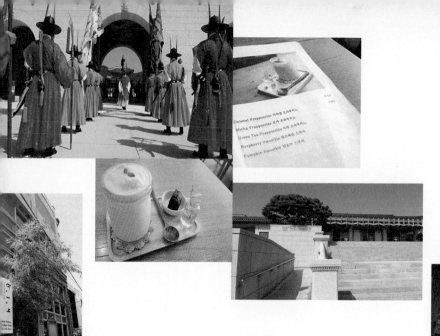

Caramel Frappuccino 카라멜 프라푸치노
Mocha Frappuccino 모카 프라푸치노
Green Tea Frappuccino 녹차 프라푸치노
Raspberry Smoothie 라즈베리 스무디
Pumpkin Smoothie 펌킨 스무디

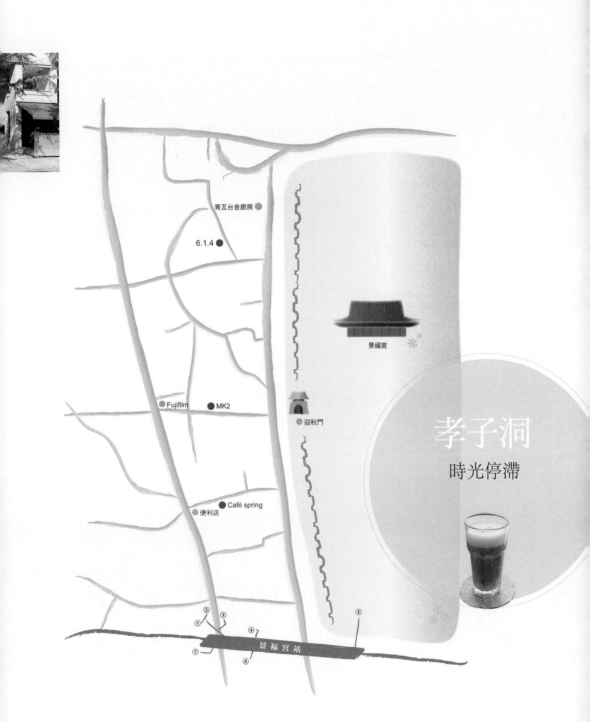

青瓦台舍廊房 ●

6.1.4 ●

● Fujifilm ● MK2

● 迎秋門

景福宮 ✳

● Café spring
● 便利店

孝子洞

時光停滯

② ③
① ⑤
④
⑦ 景 福 宮 站
⑥

景福宮邊的孝子路周邊有著不少的藝廊和工作室，有一說是因為仁寺洞和三清洞已經飽和，於是漸漸也往孝子洞這個方位移動。廣泛來說，這近年來頗受矚目、儼然是下一個三清洞的孝子洞（Hyoja-dong）地區，是面對景福宮「迎秋門」的林蔭大道裡側巷弄。但是這個區塊也在逐年延伸，已經從孝子洞一直綿延到通義洞附近。但為免混淆，還是將這個區域就簡單稱為「孝子洞」區域，

Milly 的散步路徑則是從迎秋門面對的路段，遊晃到青瓦台為止。

孝子洞被韓國人稱為：「時光在此停止的街道」、「過去和現代共存的街道」，有人說這裡的老房舍之所以可以保存下來，是因為位在總統府青瓦台的周邊，長年受到限制開發的關係，一種因禍得幅的結果?!

孝子路區域有很多藝廊藏身在巷弄之間，這幾年也多了好多老屋改建的咖啡屋，比起觀光客密集、風味相近的三清洞，這裡卻是清幽很多。

以迎秋門為指標前進，
好悠閒的孝子路散步。

小巧帶著些許俏皮的
Café spring

首先要停下腳步去看看的是位在正對景福宮「迎秋門」巷弄內的 Café spring。外觀就是一個有些歲月痕跡的白色磚屋，是兩層樓的建築空間，不是很大，可是卻都精心的佈置著，尤其偏愛那走向二樓的樓梯空間，那畫面用手框出一個方正，就像是繪本中的一頁圖文故事，古董打字機和風扇似乎都說著故事。

二樓是兩個房間互通的座位區，放著各種不同表情的椅子。那感覺會讓人以為自己不是在韓國，倒像是位在東京中目黑老公寓改裝的咖啡屋內，也難怪這家兼賣手工雜貨的咖啡屋，在日本旅人間是小有名氣的，一樓沙發旁的書架內，放的幾乎都是日文的旅遊雜誌或是雜貨書。

每個角落都像是
明信片風景。

Milly 那天看完景福宮的光化門守衛換班、又去了一旁的美術館後過來，依然是當天十一點開店的第一個客人，不好意思一個人躲在二樓的空間內，於是選了一樓陽光透亮的沙發座。

點了很特別的 Caramel Frappuccino，畢竟是熟悉討好日本客人的咖啡屋，菜單上特別推薦的飲品都附有圖片，點餐起來很輕鬆，手指點點自己喜歡的飲料即可。

端上的奶茶冰沙，果然跟圖片上一樣的溫柔可愛。

以玻璃罐放著香草冰淇淋顏色的冰沙、一旁放著可愛的手工木湯匙、玻璃罐下是蕾絲編織的杯墊、小小的瓶子內是小小的植物、小小的巧克力蛋糕放在小小的陶瓷道具內。

很細緻的演出，很日本的，甚至有錯覺自己就是在東京中目黑的哪一間古屋咖啡屋裡。

當然多少還是矛盾（笑），都到了韓國想去溫暖自己的心，想去安撫自己一份旅情的，還是那些讓人安心的熟悉感。

1. 陽光下更舒適。 2. 最愛這樓梯間。
3.&4. 是一間可愛的夢幻住屋。5.&6.
Caramel Frappuccino 是好喝的冰沙。

Café spring

Add. 서울종로구통의동 35-11 번지
Open. 11：00 ～ 22：00，舊曆年和中秋節公休。
Location. 從地下鐵三號線「景福宮」三號出口出來，直行約 200 公尺後，在一間旁邊是停車場的小小便利店旁路口右轉進去，繼續向前約 50 公尺後，右手邊的白色獨棟建築就是 Café spring。
Web. www.cafe-spring.com

如果說是大人的咖啡屋必定就像是 mk2 呈現的模樣，不用過多的文字去訴說，當進去這間咖啡屋的同時，就很簡單的會在腦裡浮現一個結論：「這是一個大人味道的咖啡屋呢！」

是旅居德國多年的夫婦所經營的品味極佳的咖啡屋空間，面對著大街是一面大窗，坐在窗邊可以看見來往的上班族，跟金融區的上班族氣質還是不同，這裡中午出來吃飯的上班族，大多像是在什麼藝廊啦、工作室或是什麼工房之類工作的人。

空間的陳設有德國柏林咖啡屋地區的影子，店內擺設的六○到七○年代的家具和燈飾等，又總覺得有那麼一些北歐風格。空間看起來像是家具家飾的展示店面，但咖啡屋還是主要的營業項目。

坐在這些高價的歐洲家具，以從歐洲進口的設計風杯具喝杯咖啡，也是另一種奢侈的形式。

店名 mk2 是以「Mark 2」衍生而來，意味著一些東西悠然的佔據第二位子的存在，很哲學的意味。

Milly 沒在這裡點店主頗堅持有機食材的三明治，因為之後有要去吃豐盛午餐的預定。點了拿鐵，以長玻璃杯端出的模樣，果然也是歐洲規格。

不知是心理作用？在簡短的點餐對話中，感覺店員的英文也是很流利的，看年齡不像是店主，可能附近大使館不少，這裡的服務生英文流利是必要的條件之一，更何況這間歐風氣息很正統的咖啡屋，必定會受到歐美在韓住人的偏愛。

1. mk2 有北歐風。
2. 喝咖啡也同時品味北歐家具。

對了，不能不對這間咖啡屋拍拍手讚賞一下的，還有這裡的餐食都是強調以「有機食材」和「自然發酵的麵包」，可是沒在菜單上刻意的標註。

因為店主以為這是最基本精神，不是賣點，只是去實現就好。

1.&2. 光線充分的空間。3.&4. 店內每個角落都有驚喜。5. 拿鐵也是歐美風格。

mk2

Add. 서울종로구창성동 122-2 번지
Open. 11:00 ～ 23:00
Menu. 有英文菜單。
Location. 從地下鐵三號線「景福宮」三號出口出來後一直向前走，在大約四分鐘後會看見一間 Fujifilm 的店家，在此右轉進去，走一小段路後，在左側可以看見這位在一樓的 mk2。為免 Fujifilm 會有歇業的危機，可以記住是在右轉進去的馬路，拼音是「Jahamun-ro」。

三個女子夢想實現的 6.1.4

兩位料理學校畢業的主廚和一個吧台手，一起創造出的美食空間。

三個女子的理想濃縮的空間，店名叫做 6.1.4，是兩個料理學校的女子，一位是六期的畢業生，一位是十四期的畢業生。

據知很多韓國的情報節目也都報導過多次，難怪午餐時間過去，下午一點鐘都還不到，午餐套餐就已經沒了，店內也是滿滿的客人，是平日的中午，像是觀光客模樣的客人不多，都像是在附近工作的人。因為客滿，Milly 被安排在廚房邊的位置，一直被爆香蒜頭的氣味環繞著，這點讓人有些錯愕，以為這樣有名氣的餐廳，排煙卻做得如此輕忽。點了鮭魚義大麵則是份量充分也很美味，入口用餐空間也很溫馨，只能說如果 Milly 早些到達，坐在更好的位置上用餐的話，或許印象分數會高更多。

6.1.4 店名看牌的下方有一行「pasta、coffee、wine」的字樣，亦即這餐廳除了義大利麵是強項外，還可以喝杯咖啡配上點心，店內放置的酒和桌上的選酒建議，也可以窺看到餐廳在酒類供應上的自信和企圖。

1. 豐富的藏酒是特色之一。2. 義大利麵很飽足感。3. 這是三個女子的夢想餐廳。

6.1.4

Add. 서울종로구효자동 164−8 번지
Open. 12:00 ～ 15:30、17:30 ～ 22:30，舊曆年、中秋節公休。
Location. 要前去 6.1.4 建議以氣派的「青瓦台舍廊房」為目標，沿著迎秋門旁的景福宮石牆步道一路往前。在即將到達青瓦台舍廊房之前，從對面的公園旁的道路進去，6.1.4 就是面對公園的一棟玻璃外牆的時尚建築。

品味首爾
憧憬
HOTEL

關於訂房

Milly 第一次前往首爾是住宿劇組安排的「喜來登飯店（Sheraton Seoul D Cube City Hotel）」，是國際觀光飯店，設備有一定的水準，也很方便在櫃檯預約城市巴士旅行，只是位置有些偏遠，自己一個人行動時不是太方便。

第二次是展覽單位的招待，選擇了江南地區的「GREEN GRASS HOTEL」。該說是觀光飯店但偏向商務飯店的格局，浴室排水問題頗大，房間還算舒適。第三次跟友人以便宜又方便為前提，選擇了在明洞小山丘上老闆會說些簡單中文的民宿，附上簡易廚房的兩人房，一個人一晚分攤下來，連一千元台幣都不到。第四次是首次個人行動，住宿任性很多，以為透過雜誌和媒體知道的憧憬住宿能力範圍內就想體驗看看。

HOTEL 的預約訂房，主要利用的是 Milly 個人熟悉和習慣的日本訂房網站 jalan.net（じゃらん，網址：www.jalan.net），透過海外HOTEL 的選項來預約首爾的飯店。但是利用這網站，首先要加入會員同時只有日文網站，預約時必須要留下信用卡資料，確認信用卡時會酌收三十元台幣左右的電訊費用。

除此不便外，可以透過預約的首爾飯店選擇不少，Milly 在運用上以為很便利且可以尋到些優惠訂房方案。像是前三天的住宿，預約的是在首爾衛星城市九老地區的 Best Western Premier Guro Hotel，就是利用一個預約三天以上（包含三天）可以從單人房升等到豪華雙人房，而且房價每晚都可以七五折的特惠方案。之後也是利用這網站預約了五星級的 PARK HYATT 和 W-HOTEL。

除了じゃらん外，日本同樣知名的訂房網站一休.com（www.ikyu.com）也有海外訂房的服務，但是似乎不是直接由一休處理，而是一種跟國際訂房系統的聯盟服務。個人不是很推薦，以為如果是利用國際訂房系統，直接利用像是 Booking.com（www.booking.com/index.zh）或是 Hotels.com（zh.hotels.com）就好了。這兩個大家熟悉的國際訂房系統，都有中文頁面，操作上頗容易入門，只要多多留意需不需要預先刷卡，或是會不會有取消預約費用的細節。

日本人近年很風行在首爾的個人旅行，關於首爾旅遊資訊的網站做得很詳盡且更新情報很快速，這些網站不但有豐富的情報和推薦，也都有訂房的系統。像是 Milly 這次就透過會員登錄，利用了在日本很人氣的韓國旅遊網站「韓国旅行コネスト」KONEST（www.konest.com），預約了一間居家設計風的 HOTEL-La Casa。這網站同樣只有日文網站，預約 HOTEL 時必須在確認後直接線上刷卡付費，如果行程不確定，就不是很好利用。

另一個在日本大人氣的韓國旅行網站是「ソウルナビ」SEOUL navi（www.seoulnavi.com）。這網站上關於首爾美食、購物的資料，詳細到讓人讚嘆！這網站同樣可以訂房，情形跟 KONEST 大致類似，需要先登錄成為會員，預約確認後立即完成刷卡付款。還有必須留意的是，這兩個系統雖說幾乎都是韓國（尤其是首爾）的專門網站，卻有週六、週日不提供服務的狀況，就是如果週六、週日在網站上預約訂房時，會在週一進行處理。

Milly 在旅途中就遇過試圖在週日預約週一的 HOTEL，但是週一卻告知沒房間了，必須另行訂房的困境。不過像是 Milly 這樣在旅途中還會想換旅館的人不多，只要會些日文善加利用這兩個網站，會尋獲到一些大網站沒有預約方案的「韓屋」或是「民宿」。

說到民宿，很多首爾的民宿都有自己的預約網站，以簡單的英文都可以直接預約的。甚至可以要求老闆來靠近民宿的車站接送。當然如果不想太麻煩自己，透過旅行社預約是最簡單。但是透過網站會自己找尋最適切的住宿，是旅行中的一大樂趣，更是個人旅行的根本，可以的話還是可以嘗試看看的。

Best Western Premier Guro Hotel

除了 HOTEL 外，若要給首爾的住宿分類，還有「韓屋」、「Guesthouse」、「度假村」、「精品旅館」、「青年旅館」、「Home Stay」等等選項。Milly 甚至好奇，首爾的住宿選項到底有多少？

不能提供正確的數字，畢竟都只是從各個訂房網站去推敲，大致的判定大約有三百多個住宿選項，事實上應該更多。

因為 Milly 搭乘的是晚班飛機前往首爾的仁川機場，從機場到市區，平均時間要八十至九十分鐘，於是重點會放在從仁川機場搭乘機場巴士也能很方便找到的 HOTEL，否則到達市區都將近十點多，還要在下車後迷路，就有些掃興。以這樣的條件，於是搜尋到在二〇一一年新開張的 Best Western Premier Guro Hotel，看資料只要花一萬韓圜搭乘 6004 的機場巴士，便可以直接在飯店前下車。

1

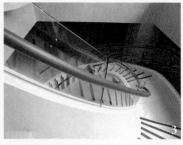

1.Best Western Premier Guro 內的咖啡屋。
2.&3. 寬敞的挑高空間，國際飯店品質穩定。
4. 旅途的第一晚住宿以交通方便為選擇。

只是實際前往，意外的（或是其實是常態），機場巴士上居然沒有站名的顯示看板，在黑夜的路途上完全掌握不了方位，只好在大約是預計行程的八十分鐘前，就一直煩司機確認 Best Western 是不是快到了。在進入市區後，的確了韓文播報也有英文播報地名，但是英文沒自信，還是很擔心坐過頭。

順利下車後，果然飯店就在眼前。櫃檯服務人員很專業，房間也很新很大器又寬敞，是很滿意的住宿。對了！浴室同樣是合乎水準，合乎事前的搜尋。不知道是不是誤解，還是首爾的排水系統有問題。根據以往經驗，浴室排水不佳的狀況的確經常發生，加上看日本網路的住房留言時，最常看見的抱怨就是浴室排水不良和水壓很弱的問題，正是因為這樣的「偏見」，堅持旅途中要有好浴室的 Milly 就會很在意浴室的狀態，只要看見有排水不好、浴室清洗不徹底等意見時，就會將這些 HOTEL 排除在名單外。單床的雙人房一人住宿真是太舒適寬敞了！在特惠價的預約下，一晚約是三千三百台幣。

Best Western Premier Guro Hotel 位在從地鐵站「九老數碼園區」出來約五分鐘的地方，附近有大型的 E-MARKET 賣場、車站周邊的餐飲區選擇不少。利用二號線地鐵，可以方便前往主要目的地的「弘大」、「新沙」等區域。可是，雖說的確看見一些馬來西亞等的亞洲旅行團利用這 HOTEL，卻在實際住宿後以為這不是一個適合「個人旅行」的住宿點。畢竟這只是一個新興的住宅加上科技園區，當地居民很好利用周邊的店家，觀光客卻是有些手足無措，沒有針對觀光客可以辨識的菜單，於是不曉得怎麼介入那些看似很好吃又氣氛熱鬧的餐廳中。

事實上原本 Milly 是為了避免到處奔波天天換 HOTEL，於是一連預約了 Best Western Premier Guro Hotel 七日，可是住了兩天後就「膩了」。於是跟 HOTEL 說要提前退房，只住三天。之後就興沖沖的，開始利用網路預約之後更靠近「逛街區域」的 HOTEL。

不過如果活動力很旺盛，從這 HOTEL 出發，白天到處購物遊玩，晚上只是回來休息，這間 HOTEL 房間的舒適度是絕對分數很高的。

在行程規劃上，每天都想去不同的憧憬旅店和某些咖啡屋吃早餐，於是一開始就沒預約飯店自助早餐的預約方案。

倒是在提前 CHECK OUT 的早上，鼓起了勇氣，撇開那大街上很容易進去吃個麵包早餐的連鎖店「Angel-in-us Coffee」，而是進去了一個歐巴桑的傳統餐廳吃早餐。之所以夠膽嘗試，是透過門面看見了店頭放了包好的韓式壽司卷（也可稱為紫菜卷），以韓式壽司卷當早餐是一直想嘗試的項目。

進入店後，比手畫腳的點了兩條壽司卷。婦人店員之後送上了不怎麼好吃的味噌湯、醃黃蘿蔔。隔壁的大叔四人組，也是點了壽司卷卻多了泡菜，想抗議？免了，語言不通就要乖乖的認命。

要是語言通，其實更想像大叔一樣，點了壽司卷後再加點一鍋熱熱的泡菜鍋和泡麵，看起來還真是超好吃。可是這樣非觀光區的韓式餐廳是沒有料理圖片的，要點餐也無從下手。而那有著蛋絲、火腿肉、黃瓜、醃菜等偏素，入口有淡淡麻油香的韓式壽司卷則是非常的爽口，好吃到 Milly 慶幸自己有鼓起勇氣進來點餐。

因為是在地鐵站附近，在 Milly 用餐時，好多女子都來買了外帶早餐，外帶的話一條一千韓圜，約台幣二十多元。在店內吃兩條則是三千韓圜。餐廳的名字是韓文，不能辨識。不過這樣的韓式家庭料理餐廳在街上容易看見，店家也都會將包好的壽司放在店頭明顯的位置，比手劃腳地外帶一份來嘗試，不錯喔。

1. 淡季一個人住升等的雙人房。2. 韓風海苔卷。

La Casa HOTEL

首爾的旅館選擇實在很多，在預約住宿時 Milly 就已擬定三大原則來篩選，想好好去好奇體驗一番。

首先，是不住宿高級的觀光飯店，例如：「新羅飯店」、「Millennium Seoul Hilton」、「the westin chosun hotel」、「LOTTE HOTEL WORLD」。單純以為觀光飯店再豪華也是觀光飯店，住宿下去只是舒適，沒有其他想法。因此，第二個篩選就是「憧憬住宿」的頂級 HOTEL、或是話題性較高的設計風、精品 HOTEL。最後就是靠近自己喜歡遊晃的區域。

以「精品 HOTEL ＋喜歡的地點路樹街」條件搜尋的結果，出來的絕佳選擇就是這間摩登簡約風的設計風 HOTEL「La Casa」（www.hotellacasa.kr）。二〇一一年四月開始營業的 La Casa，是韓國生活家居品牌「Casamia」打造的設計飯店，整體氛圍呈現 LIFE STYLE STORE「Casamia」的時尚簡潔特色，讓 HOTEL 就像是一個絕佳的裝潢實體展示空間。

1.&2. 一直憧憬的 La Casa。3. 大廳如書房的設計很精采。

1

如果要舉例的話，就像是 IKEA 設計了一間 HOTEL，裡面都是用 IKEA 的家飾道具。搜尋到這 HOTEL 後，光是看網頁就一見鍾情，尤其是那以「書房」設計的高挑大廳更是讓人一見亮眼，印象深刻。

可是平日習慣利用的日本訂房網站都沒跟這間 HOTEL 簽約，為此 Milly 還特別加入了 KONEST 韓國專門情報網站，只為了方便預約這間 HOTEL。

實際住宿後，發現歐美的房客很多，應該是直接從 HOTEL 的英文網站或是 Booking.com 預約的。

位在時尚消費區「新沙路樹街」距離不過是步行三分鐘的 La Casa，前後都被栽種得整齊茂密的行道樹環繞著，是鬧中取靜的坐落位置。從仁川機場過去是搭乘 6010 號巴士，大約五十分鐘，在「美星公寓」下車（是這個機場巴士進入市區後的第一個下車點），走到 HOTEL 約是四分鐘的路程。

從地鐵站前去則是從新沙站八號出口走過去約十分鐘，從狎鷗亭站五號出口向著韓南大橋（美星公寓）走過去，也約是十分鐘。Milly則是在三成站附近搭乘 143 號巴士前往，非常順路。

進入 HOTEL 自然先看見的就是早從網路上熟悉的書房大廳，比想像中要來得小，不過精準的設計感還是讓人欣賞。住宿期間沒帶電腦的客人，多會在這裡利用公用 MAC 電腦上網。書架上的書多是設計方面的書籍，在語言和國家的收藏上，大致看去倒不是很豐富多樣。

HOTEL 本身有十六種房型，六十一間房間，Milly 要預約時已經錯過時間，於是沒預約到相對便宜些的單人房，改為升級的單張床的雙人房「Deluxe Double 房型」。網路預約原本四百三十七美元的房價，可以優惠到一百七十美金左右。

Milly 透過日本網站預約以日圓計價，刷卡一看，一晚大約是五千五百台幣。

房間的配置不是很豪華，空間也不是極度寬敞，雙人房的沐浴設備只有 showing，但是卻是好舒適、讓人好放鬆的空間；是如果想長期待在首爾的話，想擁有的一個住家般的空間。

1. 令人難忘的大廳。
2. 如自己房間一般舒適的 HOTEL 房間。
3. 設備相當齊全。

原來 HOTEL 主旨也是要給旅客「一個家」、「我的另一個家」的概念，一個在旅途中的舒適的家，企圖將 HOTEL 與家具完美結合。坐在靠窗邊百萬韓圜以上的沙發上面發呆也好、看電視也好、吃著茶點也好，都是好舒服，一點也不輸給五星飯店品質。

電視可以看見多國語言的頻道，無線上網的速度很快、書桌和一旁的「佈告欄」也設計清新。那大床更是要大大讚許，不但是床單、枕頭的品質都用得很好，配色一流。而且躺上去時，還可以聞到爽朗的橘子花香。

1.&2.&3. 令 人 放
鬆 的 舒 適 餐 廳。
4.&5.&6.&7. 早餐的
菜色相當豐富。有
充分的新鮮蔬菜可
以選擇。

這是 Milly 在住過各式 HOTEL 中沒有過的經驗，那香氣像是一個
女子用很香的柔軟劑洗過、以太陽曬過的像是幸福家居的香氣。在
這柔和的香氣入眠，好幸福。

這裡的家具裝潢設計，不單是一些生活小道具，像是咖啡杯組也都
選得極好。舒適的居住感讓人很意外，早餐也是很滿意。房價是包
含早餐的，是到 HOTEL 一旁對外開放的咖啡屋「casa meal」享用
自助早餐。咖啡屋本身就是一個 Casamia 規劃的舒適清新空間，餐
食也意外豐盛。

選擇不是極多，可是都是精心烹調，早上出爐的麵包選項很多，
Milly 住宿兩日，菜色還有大部分的變化，用心可見一斑。除了自助
的菜色外，還可以選擇一份早餐蛋料理，像是蛋包或是荷包蛋。

基本上，連續三天兩夜的住宿下來，對這居家設計風的滿意度極高。

真要說小小的缺點就是離地鐵站較遠，如果不習慣搭乘巴士的話，
出入其他區塊是較不方便。可是，很早以前就想要住在距離 Milly
首爾最偏愛的新沙綠樹街附近，以這條件來看，La Casa 是完美的
選擇。

偏愛路樹街的日本人，則多會選擇更靠近新沙站一號出口的「永東
HOTEL」，房價便宜些，雙人房一晚約是兩千五百台幣，房間裝
潢簡約、乾淨，風評也不錯。

西橋飯店

選擇預約住宿西橋飯店（Seokyo Hotel），理由只有一個，就是靠近弘大；否則如果真是論偏好，會嫌這間 HOTEL 房間的陳設太老舊，整體裝潢又缺乏個性。（網址：www.hotelseokyo.co.kr）

可是，這次的首爾行很大一個誘因就是要探訪弘大區域的咖啡屋，那麼如果能住在距離「弘益大學」地鐵站附近的話就方便很多。

而且幾乎不會迷路，從地鐵站九號出口出來，一直直走就可以看見，地鐵站內的地圖也有清楚標明飯店的位置。

單人房一晚約是三千多台幣，出了 HOTEL 右轉前進然後再右轉，就可以直接進入弘大最熱鬧的逛街區。

1

2

可以逛逛累了就回去房間歇息，然後晚上從 HOTEL 出來，也可以輕鬆的閒蕩著夜晚依然很熱鬧的周邊街道。其實在弘大周邊可選擇的觀光飯店本來就不多，

弘大西橋飯店算是規格較有樣子的 HOTEL，因此很多海外的自由行遊客也多會利用，商務客人也不少。

W Seoul Walkerhill

八月盛夏首爾都會小旅行中,正面迎接了一個超級颱風。

旅行最怕天氣來攪局,可是天空如果硬是要送一個颱風假期給你,那麼不如就欣然接受,然後將其轉變為一個愉悅的形式。在颱風季節出國本來變數就很多,其實在短短九日的首爾行,就一共有兩個颱風警報,其中一個颱風還是本來掃過台灣外海,又回頭轉向韓國的颱風,這颱風在 Milly 出發的八月二十五日已經在攪局,好在沒有影響出發。到了九月二日要離開首爾時,這轉向的怪颱風正好在前一天掃過首爾旁邊,好在沒造成太大的災害。

在颱風預計掃蕩首爾的前兩天,韓國的新聞台已經很喧嘩的開始預測這颱風的威力,同時不斷的恐嚇電視機前的觀眾颱風的恐怖度,可是在此同時,Milly 則是在電視播放颱風新聞的喧鬧聲中,興沖沖的開始進行了一個颱風天「任性奢華計畫」。

1. 到 W-HOTEL 躲避颱風。
2. 充滿玩心的質感設計。
3. 頂級奢華的 W-HOTEL。

3

首先將原本已經預約，實際上已經在住宿中的郊區九老數碼園區的「Best Western Premier Guro Hotel」給提前取消，好在經過CHECK，沒有取消預約的手續費。

真要說這間開幕不滿兩年的國際連鎖飯店，在提前預約和連續住宿的特惠方案下，可以單人房的七五折優惠入住豪華雙人房，已經是充分的舒適；只是，能夠在 HOTEL 內享受度假氣氛的空間不多，HOTEL 周邊的郊區規格商圈可以消費的項目也不豐富，可以想見如果是颱風天，哪裡都去不了，就只能窩在房間看電視了。

開始以平日熟悉的訂房網站搜尋，看看本來憧憬住宿卻在預算考量上緊急煞車，以理性迴避的 HOTEL 是否有空房。可是，因為已經是逼近的日期，很多 HOTEL 不接受臨時的預約（大多是三天內），經過一陣搜尋找到了，可以俯瞰漢江的設計風旅店「W-HOTEL」（W Seoul Walkerhill）。

W 是包含著五個關鍵字，Warm、Wonderful、Witty、Wired 和Welcome，是世界最大的設計風精品旅館的集團，首爾的 W-Hotel是在二〇〇四年開幕。

1. 精采的浴室位置。
2. 雙人房單人用，很寬敞。3.&4. 設備相當齊全。5.&6. 多國籍創意美食「The Kitchen」。

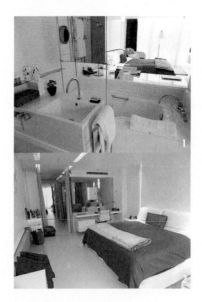

5   6

選定 W-Hotel 除了單純想從高處去看著天空的變化，一種小孩子在颱風天雀躍的微妙的心情。

同時以為比起其他五星級的飯店，W-HOTEL 的「玩心」多樣很多，倒不是一旁有以接駁車連結的「華克山莊」可以去賭錢，而是有寬敞的泳池、三溫暖的設備、戶外按摩池，和很有氣氛的大廳 Lounge「Woo Bar」。

出國旅行即使未必用得上，但行李箱都會放一件泳衣，基本上小小的泳衣也不佔空間。只是想想真是有趣，六月去沖繩旅行每天都面對大海，可是泳衣一次都沒沾到海水，偏偏來到了首爾在颱風天卻游起泳來。

住宿在 W-HOTEL 可以選擇以藏酒自豪的日本料理餐廳「Namu」，和多國籍創意美食的「The Kitchen」用餐。W-HOTEL 吃不過癮，還可以走個一分鐘去一旁的「喜來登飯店」用餐，雖說不喜歡購物，喜來登飯店還附設有免稅店。更重要的是這號稱是世界最大級最有品質的設計風 HOTEL，房間本身玩心就很充分，難得的設計還能兼顧到一定的舒適度。（雖說實際住宿後還是會嫌，房間內冰箱旁的那張紅色狹長座椅，真是一點都不符合人體工學，超級難坐！）

最具特色跟著 LOBBY 連成一體的 Lounge Bar，那創意十足的視覺和極度寬敞的開放空間，也讓早就不去夜店（該說根本也沒去過夜店）的 Milly 也可以不會排斥的，在睡前小酌，過過不是太激烈的夜生活。

至於重點的費用，湊巧 W-HOTEL 經由訂房網路在淡季推出了一個促銷方案，就是以相對低價的消費可以住進不錯的雙人房（Wonderful Room），還可以免費使用一次 SPA 的三溫暖，條件是預約後不能更改，不能取消。

因為不能取消預約，因此房價比平日正常的預約就可以少些預算。正常房價不包含早餐約是三十七萬韓圜，以此方案則是二十八萬韓圜左右。

因為其他 HOTEL 預約的失誤，實際上是在住宿當日早上九點前才完成 W-HOTEL 的預約。預約完成後趁風雨還小，匆匆忙忙的搭乘地鐵在「江邊站」下車（另一個旅館巴士的接駁站是廣津站 Gwangnaru-yeok），本來可以搭乘旅店接駁車前往，可是那時風雨已經增強，捷運站出口對面的計程車招呼站倒塌，警察圍出封鎖線限定行人的前進。那一陣風雨還真是大，Milly 一時甚至以為可能會因此被困在捷運站內，後來等風雨似乎小些，立刻衝出攔了一輛計程車，幾乎像是逃上去一般的跳上車，終於可以在強風中順利的到達山腰位置上的 W-HOTEL。

十分鐘不到的車程，由飯店門口穿著有別其他 HOTEL 的襯衫制服的工作人員接過行李，之後在吧台旁的櫃檯完成 CHECK IN，當時十一點不到，可是 HOTEL 很 NICE 的表示房間已經整理好，可以即時入住。

如此這般仔細算算，從在前一個 HOTEL 的房間內按下預約確認鍵，到 Milly 進去那如印象中一樣紅＋白的摩登設計雙人房，前後不過是兩個小時不到的時間，

還真有些逃颱風的氣氛，愉快的是這是一個颱風日的逃跑度假計畫，情緒上還是很高漲的。如此一來，到第二天享用過可以眺望漢江的精緻早餐離開，Milly 就一共在這 HOTEL 內滯留了二十四小時。

1. 游泳池的視野絕佳。
2.HOTEL 規格的石鍋拌飯。3. 處處可見大師作品。

在房間內，先是如拿到新玩具的小孩一樣，將展現設計功力的房間每個細節都翻看過一遍，從一塊香皂到白色被單的觸感。之後將可以去探看的 HOTEL 角落和設備，連同隔壁的喜來登飯店都去勘查一番。

首爾的 W-HOTEL 由紐約的 Studio Gaia 擔任設計，也因此，每個角落都透露出紐約都會風情。一旁的喜來登就是典型的五星級觀光飯店規格，大廳的咖啡屋是首爾名媛貴婦吃下午茶的首選之一。

午餐的時間選在 HOTEL 內的「The Kitchen」咖啡屋，吃了比在店家吃絕對貴很多的飯店版精緻款的石鍋拌飯，是多心?! 虛榮心（笑），真的以為這裡的附餐泡菜都好精緻，口味高尚。

放在白色瓷碗的石鍋拌飯很美味，份量也剛剛好。

The Kitchen 是由知名的華人設計師 Tony Chi 規劃，餐廳入口處放置著一個半圓形的櫃檯桌，早餐時這半圓形的櫃檯桌上會放著滿滿的麵包，中餐則是放置自助餐的餐點。

The Kitchen 午餐可以單點也可以選擇自助餐，菜色上算是選項很多。Milly 旁邊的老外吃的是漢堡餐、另一邊桌上吃的是牛排豪華套餐、再過去一桌吃的是壽司套餐。

午餐後以緩慢情緒去到那空間感極佳的室內泳池游泳，在幾個小鬼玩起跳水之前，都是很悠閒的氣氛。整體的 W-HOTEL 空間 Milly 都很喜歡，真要說最喜歡的空間則就一定會選擇這可以眺望整面漢江風景的大泳池。

在泳池漂浮後有些濕冷的身體，之後拜三溫暖之賜整個又活絡回來，可惜的是那室外露天有如藝術品般的按摩池，因為颱風關閉了，當初預約時還真是頗期待泡泡這戶外按摩池呢。

晚餐沒打算豪氣的在飯店吃，精打細算的搭乘 HOTEL 接駁車趁著風雨平穩些時，前去江邊地鐵站邊的商場地下室超市，買了瓶韓國近年很盛行的水果粗釀米酒和韓風路邊攤風味熟食當作下酒菜。

在房間愉悅的一人淺酌用餐，睡前還是不捨得不去這 HOTEL 最大特色的大廳 Lounge Bar 探探。選了個可以居高臨下的位置，怕太吵，於是也刻意的離開那太空艙形狀的 DJ 台。

原本還以為那時而震撼時而迴旋的音樂是播放的音樂，仔細一看，還真是有現場的 DJ 在放歌呢。

這個大廳 Lounge「Woo Bar」，真的是有著讓人 Woo ～ Wooo ～驚呼的魅力，白天寬敞和設計風已經讓人驚豔，到了晚上，精采的照明更是顯現不同風貌。難得的是整體的氣氛也不會太年輕或是狂妄、輕浮，即使是入住的頂級商務客人，一樣可以輕鬆的在晚餐前，靠著那號稱首爾最時尚也是最長的 Bar 台前，喝杯酒輕鬆輕鬆。

點了杯季節桃子冰沙雞尾酒，在節奏強烈的 DJ 音樂聲中，用電腦上著網，窩在軟軟的大坐墊間，營造一個人自我風格的夜生活。

1 2

1.聽著現場 DJ 電音喝著雞尾酒。2.早餐的麵包吧讓人雀躍。3.完美的颱風假期。
4.旅途幸福的豐盛早餐。

第二天堅持坐在窗邊位置，以漢江上方的灰暗天空、快速移動的雲層為背景，吃著舒適的早餐。

號稱超級的颱風很幸運的，沒造成太大的災害消失離去，二十四小時的 HOTEL 度假滯留卻有著可以記憶的故事。

小說的故事很多時候是發生在一個絕望後讓人共感的奇蹟故事。颱風中，自己給自己一個預定外的故事，即使不是那麼壯烈和精采，可是還是想說，旅途上意外而來的颱風假期，真好！

在總算擊敗猶豫著是否住宿 PARK HYATT SEOUL 的意念之前，Milly 已經以間接介入的方式品味過這頂級商務的 HOTEL。曾經去吃過早餐，也曾經去喝個特別企劃的韓風下午茶。用了「總算」這個強烈的字眼，是因為畢竟是要下一點決心，才能小小奢華的預約住宿。

原本還有些遲疑，但是那憧憬的意念老是在腦海裡打轉，不住宿一晚還真的很難打消，就想反正這回要好好的品味首爾都會的精華部分，又怎能少了那二〇〇五年四月開業的 PARK HYATT SEOUL呢。於是就不管了，預約了，含早餐一晚大約是一萬多些台幣。

PARK HYATT SEOUL 或許不是首爾最貴的住宿，可是 Milly 原本就不偏愛觀光旅店富麗堂皇得不小心會暴露暴發戶氣氛的五星、六星飯店，喜歡的是那洗練的質感，追求頂級服務和舒適，卻不顯露過度豪華的品味。於是，一開始就沒將憧憬放在「新羅飯店」、「Seoul Plaza Hotel」或是一晚住宿雙人房要價一百萬韓幣的「BANYAN TREE CLUB & SPA SEOUL」，當然這純屬個人偏好的問題。

房價不是太便宜，預約卻還是很人氣，理由是比起其他國家，諸如位在東京新宿的 PARK HYATT，這裡的價位還是幾乎便宜了一半的關係。

離這回住宿的一年多前，Milly 一個人來到二十四層樓 CHECK IN 櫃檯旁的咖啡屋「The Lounge」喝下午茶。比起東京的 PARK HYATT，首爾的大廳沒太多令人印象深刻的特色，好在 The Lounge 也很平實風的下午茶演出頗有風味，享用後滿意度很高。

由傳統韓風木盒箱端出，韓式宮廷茶點以一個抽屜、一個抽屜拉出呈現，不論是精緻度、美味度和美感度，都極具水準。真是隨便取一個角度拍下的茶點畫面，都像是一張美食雜誌上的精美圖片。

而且每口吃下去都有驚喜，最愛的是蜜糖核桃包上
紅豆餡，味覺和視覺都完美。一份下午茶大約定價
是兩萬八千韓圜，還要加上稅金和服務費。

這回以住宿客人的身分進入二十四樓的大廳，氣度
就強很多，至少那份猶豫完全消失了。行李在從地
下鐵二號線一出口出來後進入的HOTEL低調入口，
就有工作人員立刻接過行李同時引領上樓。完成
CHECK IN，跟著櫃檯工作人員進入房間，在介紹
過房間的設備後還很少見的被問到：「房間還滿意
嗎？不喜歡可以換！」可以換？似乎只要是同型的
雙人房是可以換房間位置的。順便一提的是，當日
Milly本來只是一如往常的計畫先寄放好行李，下午
兩點正規時間再回來CHECK IN，可是工作人員幾
乎是一點難色都沒有的，就在十二點不到的十一點
多，安排Milly進房間住宿，多少有點賺到的感覺。

工作人員前腳才離開，Milly在使用這間號稱有
三百四十公分挑高的雙人房前，自然還是要將每一個
細節瀏覽一遍，同時以相機鏡頭記憶下來。首先，睡
床是雙人房的KINGSIZE（一人住宿兩人住宿都是
同樣的價錢）大床、床邊靠入口一側是一個意外很溫
暖的桌椅區，看了這餐桌般的桌椅就會想，要在這空
間內吃點什麼？妝點出什麼樣自我風格的一餐。

後來，在前往清潭洞時買到了喜歡的麵包，在黃昏
時分晚餐前，便以房間內準備的質感很好的韓風茶
具，享用著一個人的精緻下午茶。

1. 房間內的一人下午茶。
2. 難忘的韓式宮廷茶點。
3. 窗外的視野絕佳。

在靠窗的那一側，則是一張可以完全放鬆的躺椅（義大利 Cassini 品牌設計），以床邊的電動扭可以打開那一大面百葉窗，號稱亞洲最大級貿易設施 COEX 的都會景觀，就這樣完完整整的呈現在眼前。因為真的是好高好大的一面！從地板到天井的落地窗，於是從房間看去的都會景致很有衝擊度，大氣勢！居高臨下的感覺，更是暢快。

躺椅對去的是隔著玻璃牆的浴室，這更是大膽的設計之一。

這以御影石製作的大大的浴池，也是毫無遮掩的開放於這大都會的空間內，也就是說如果膽子大些放一大池水，可以泡在浴缸內俯瞰整個貿易金融都會感的景觀。不過 Milly 保守了些，夜晚泡澡時還是保留些的只開了半扇窗，小小冒險一下而已。

房間另一個很不錯的設計是衣櫥，寬大的衣櫥可以從房間和浴室兩邊開放，這樣的巧思是會在客人心中留下好印象的。

第二天一早去晨泳，泳池坐落的位置則是有些特別，原來是跟二十四層的 LOBBY 是在一起的。從二十二樓進去，走上台階進入位於第二十四層的健身房旁的泳池，視野勢必是好的，怎麼說都是二十四樓的位置，泳池不大，卻勝在典雅。

1. 大膽設計的開放空間浴室。2.&4. 早餐時間總是期待。3. 房內的茶具引發下午茶興致。5.PARK HYATT SEOUL 低調奢華的房間。6. 不是寬敞卻勝在典雅的泳池。

很少 HOTEL 泳池是可以用典雅來形容的，可是 PARK HYATT SEOUL 的泳池，似乎唯有以典雅形容才適切，或許是那兩端的古董桌椅和燈飾的關係。自然光全面透入加上古典燈光的營造，一種微妙卻舒服的融合感覺。

期待的二樓「The Cornerstone」早餐沒有讓人失望，卻也沒了開幕當年 Milly 前來享用時的驚喜。不是品質變了或是不好吃，只是當初的印象太好，一次享用過後就牢牢的記著了那開放廚房、客人可以就廚房內準備的食材來點餐、選擇料理方式的服務。現在除了蛋類的料理，似乎已經少了可由客人單點調理菜色的創意服務。

六年前來吃時，還請廚師將開放廚房內的水果做出自己口味的優格呢，現在似乎除了已經準備好的果汁，特別要喝那些現做果汁時需要另外收費。

除了沒能重溫當年美好記憶的小小失落外，早餐本身是很豐盛又品質很高的，如果還要挑剔就有些吹毛求疵了。床好睡、浴室寬大、房間內的水果鮮度高、沐浴用品選得好、工作人員的服務品質細緻精準、視野有氣勢，整體來說以為是大滿意的住宿，沒有讓幾年來憧憬的期待失望。

IP Boutique Hotel

相對於 PARK HYATT SEOUL 和 La Casa、W Seoul Walkerhil 期待後住宿的滿意度，位於梨泰院的 IP Boutique Hotel 卻是期待過大，於是失望感也很深。（網址：www.ipboutiquehotel.com）首先從網路上印象最深刻的色彩鮮豔搶眼外觀，在晚上還頗耀眼，到了白天卻是有些殘舊感。這未能在開張後好好維護的「殘舊感」，更是在 HOTEL 的每個角落殘存著。即使當日 HOTEL 還將 Milly 預約的雙人房升等為套房，又依然很大方的讓 Milly 在十點多些就可以進去房間休息，但還是讓人要切身的說出一些不滿意。首先，負責CHECK IN 的櫃檯服務人員英文一流，可是服務態度二流，或許只是個人的服務品質，但還是會影響第一印象。實際上後來的櫃檯人員服務態度就很好，多少加了些分數回來。

大廳處處展現著設計的企圖心，像是上客房的電梯被設計成一個富貴品牌的大行李箱、例如那很受小孩歡迎的鞦韆。可是那在網站出現率很高的黃色大沙發已經有些髒髒的痕跡，如果能日後更新一下會好些，其他設計也多少讓人也有些突兀和不統一的感覺。號稱設計風的 HOTEL 就怕「玩過了頭」，一不小心就會像是「汽車旅館」或是「情色旅店」，這或許正是很多有設計風味的 HOTEL，卻不會輕易嚷嚷自己是設計風旅店的關係。當然設計本來就有偏好問題，以上意見單純是個人的主觀也不一定，對這設計風旅館讚許的聲音也是不少的。

出了電梯出來是一個讓人愕然的黑暗，這是設計的一部分 ?! 可是畢竟旅行還是有著度假的氣氛，開朗明亮些還是比較討喜。不是太能理解的是關於走廊太暗有些陰森，很多人都在住宿過後反應，不知道 HOTEL 方面為何依然那麼堅持。

進入房間的第一個印象是很寬敞卻太多隔間，甚至還有一個超大的浴缸。但是 Milly 還是會挑剔，整體來說還是有「企圖」但是沒「細節」，就是住宿時那一瞬的好奇很快就會被那不舒服的塑膠皮沙發、床頭那突兀的女子大頭圖像（是設計？）、冰箱旁無意義的的兩張大桌給掃了興致。的確，那臥室大床鋪上的傳統韓風被套很搶眼、床頭國際插座也夠貼心，可是都掩蓋不了那些沒有仔細計算房客真正需要的粗糙。

真要說這 HOTEL 吸引的特點，Milly 會選擇大廳旁的餐廳「Café Amiga」摩登奢華，晚上還有紅白酒任意喝的晚餐自助餐。

或許真是因為之前的期待太大，失望就會相對更大。好在住宿期間還是會很感謝這 HOTEL 坐落的位置，從地鐵站二號出口走過去要六至七分鐘，可是要前往來到梨泰院主要想去的「Leeum 美術館」卻是很順路，該說在有現代美術館的動線上有這麼一間設計風HOTEL 是必要的，但如果能更多些品味和機能性會更佳。

Seoul Plaza Hotel

Milly 喜歡住宿有想法有風格的 HOTEL，但是有不是那麼合宜的經驗，也會小小抱怨一下。

其實一間優質旅店不在大、不在等級或是絕對的奢華，而是有沒有真正的將心思放在住在這裡的客人身上。以客為尊，不是一個企業的口號。是該真正的以心比心，貼心的去考量著一些細則，來迎接將這 HOTEL 當作一晚自己家的人。

Seoul Plaza Hotel 於二○一○年經過多年的全面翻修後，成為了首爾最熱門的頂級精品旅館。

明洞坐落在市政廳廣場前又鄰近購物天堂，因此房間不是太好預約，這回就是稍微猶豫了一下那高額住宿房價，就錯失了預約住宿的時機。不能住宿就消費，是品味一間憧憬 HOTEL 的不變原則。

前去時市政廳前大整修破壞了些視野，HOTEL 外觀倒是不讓人失望的時尚簡約。大廳的設計也很精采，能將「設計」、「機能」、「質感」、「感性」和「舒適」很精準的呈現。在大廳一旁的咖啡屋「THE LOUNGE」的空間規劃更是讓人眼睛一亮，以高背絨布座椅圍出了一個個獨立又開放的個室空間。顏色的組合也很大膽，將韓國象徵權勢的「紫色」充分發揮，卻又能呈現出歐風的典雅，尤其是那靠牆的大火爐和書架，更是很精采的備置，讓人眼睛一亮。

1. 四萬多韓圜的飯店早餐！ 2. 自助早餐的供應有些沒誠意？ 3. 成熟風的咖啡屋設計空間。

正因為大廳和咖啡屋的設計如此精采有品味，於是就更具信心的去二樓的餐廳吃那有些偏貴、定價三萬八千韓圜加上百分之十稅金的四萬多韓圜的自助早餐，遺憾的卻不是一次太好的經驗。

首先，當天是假日，即使都已經接近九點，餐廳內還是滿滿的客人，大多是住客也有一家大小特別來吃假日早餐的人。

人一多場面就有些混亂嘈雜，從 HOTEL 網頁認知的餐廳寬敞空間感就蕩然無存，有些失望。好不容易等到一個沒有窗邊景致的座位，服務人員的動作卻處處急躁，失去大廳很努力、用心要去營造的優雅。更希望能改善的是，自助早餐的食物在九點後就幾乎不再添加，很多盤子都是空空蕩蕩的，完全不該是五星級飯店該有的做法。

如果為了控制料理供需，那麼是不是一開始就不該在九點還讓客人進來。所以，建議真要來這 HOTEL 吃原本網路風評不錯的自助早餐，不要在九點後進入，提前才好。只是 Milly 自己很意外的是，原本對著 HOTEL 設計風格和品味品質的好印象，卻因為一個不充分規劃和有失服務水準的早餐而大大扣分。

Seoul × Hotel

選擇住宿的旅店、HOTEL，是選擇旅行模式和品質的關鍵。

可以不在乎住宿只在乎方便、價位或是購物，這是一個選項。不在乎購物卻要住得舒適和有想法、有憧憬也是一個選項。在做出選項之前，自然還是可以先知道首爾大致的住宿邏輯，和從方便經濟到極致奢華間的段差。

首爾的住宿從傳統的韓屋GuestHouse到極盡奢華的飯店，應有盡有。主要的投宿設施集中在「明洞」、「南大門」、「東大門」、「仁寺洞」等主要觀光區周邊，偏向商務的住宿則集中在江南地區。

以等級來說，分為「特一級」（五星飯店），價位在二十至四十萬之間和之上、特二級（同樣是五星級），價位在十五至二十萬之間、一級（四星飯店），價位在十至十五萬之間、二級（三星飯店），價位在五至十萬之間、三級，（二星飯店）價位在三至十萬之間。類別有「傳統韓屋」、「洋房民宿」、「公寓式HOTEL」、「商務飯店」、「頂級商務」、「度假飯店」、「觀光飯店」、「精品旅店」等等。

首爾文化車站

如果想要去探探韓國年輕新銳或是學生創意作品，會建議前往以「舊首爾車站」空間利用誕生的「文化車站首爾 284」（문화역서울 284/ Culture Station Seoul 284 ）。

首爾舊站在一九二五年完工使用，二〇一一年八月經過長期翻修恢復昔日外觀，同時以「文化車站首爾 284」命名，提供場地做為各式的近代藝術展覽空間，這樣的感覺很像是台北的「華山藝文中心」、「松山菸廠」的再利用模式。 館內不定期會有一些年輕人的作品聯展，通常也會有作者的周邊商品販售。在舊時代留下來的維多利亞典雅車站建築中，鑑賞著年輕人活躍的創意，古意加上創新，那落差感讓人很雀躍。

前往方式：搭乘一號和四號線，在「首爾站」的二號出口出來。

Seoul
×
Groceries

基本上購物從開始就沒特意放在首爾的旅行中，看見合宜的、心動的買就好，在預算下不失控就好。也因此可能沒什麼資格去說購物 IN 首爾，更何況市面上已經有充分專業的首爾購物達人的推薦書和分享網站。

真的還是想依個人興趣推薦的，可能就是一些還不錯的「文具雜貨屋」、「雜貨小物」或是「可以買給自己回憶伴手禮」的據點。

買小禮物的地方，首先目標是一些小小的韓風瓷器，小小的、好攜帶、不佔重量的。

大多會在仁寺洞挑選，仁寺洞有很多針對觀光客的韓風瓷器小道具，也有一些價格高得讓人不禁懷疑，標價上的零字是不是太多的收藏作家瓷器。Milly 對收藏瓷器沒研究，只是以「可愛」、「輕巧」為重點，在店頭前挖寶，買到的是不會超過兩百台幣的鴨子模樣放筷子的座台、印有楓葉圖案的小茶杯、在茶莊買到的五百多台幣不到的，可以簡單泡茶，還附上小杯子的品茶組等等。

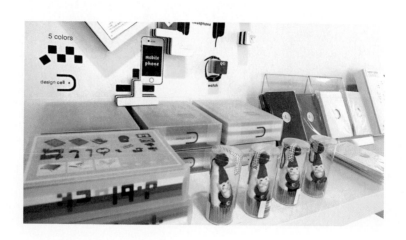

然後在仁寺洞可以選一個印章，讓師父刻上世界上只有一個專屬自己的可愛印章，印章的價位以材質來分，三萬至九萬韓圜都有。

至於要買雜貨文具，可以選擇的店家最密集的地區該是「大學路」，就是從四號地鐵線的「惠化站」出來，從首爾大學文理學院一直延伸到梨花大學周邊的區塊。

一定要去朝聖逛逛的是那間「10x10」的文具雜貨舖，基本上想要買的韓風文具這裡都應該可以找到，Milly買了一個有翅膀的小孩吊飾，總是放著始終不捨得用，此外像是筆記本、貼紙、名片夾等，真的會讓人有些喜歡到小小失控。

至於 Milly 個人偏愛的文具雜貨還有 MMMG，這品牌的韓國文具有些北歐風格，不是那麼粉紅可愛，卻經常可以看見一些創意和細微的玩心和幽默，更重要的是幾乎每一間在首爾的 MMMG 專賣店都附設有咖啡屋，在咖啡屋裡小歇、用 MMMG 設計的餐具用餐喝飲料、看看店內的陳列商品……一整個舒服起來。不過 MMMG 的商品比起「10x10」內販售的周邊文具，價位上會相對高一些的。MMMG 走的是單一品牌，全部是創意獨賣商品，這樣的價位也是合理的。

MMMG 在「安國站」附近以及梨泰院靠近 Leeum 美術館入口的梨泰院路邊，都有著附設了咖啡屋的專賣空間。

最後弘大的「Design Square/SangSangMaDang」，以及狹鷗亭的「10 CORSOCOMO SEOUL」都有很豐富的韓國新銳計設師的創意文具和電腦周邊商品，即使不一定要去買，純粹以觀賞的角度去逛逛也是不錯的。

10 CORSOCOMO SEOUL **Web.**www.10corsocomo.co.kr

SangSangMaDang **Web.**www.sangsangmadang.com

MMMG **Web.**www.mmmg.net/FrontStore/iStartPage.phtml

10x10 **Web.**www.10x10.co.kr

Seoul
× Mystery

首爾的傳說

漫遊一個大都會，除了觀察它的城市特色、都市規劃、蘊含的深度魅力、享用美食、品味時尚設計空間、住宿憧憬旅館外，旅行期間在移動穿梭城市大街小巷時，好奇的去進行一些有意識無意識的「城市傳說應證」也是可以有趣的。

接下來是一些些，關於首爾的城市傳說。

基本上對 Milly 來說最傳奇的傳說首先是，一直都是說「漢城」的韓國首都「漢城」，突然有一天變成了「首爾」。答案是在二〇〇五年的一月十八日當時的市長李明博（後來是南韓總統），在市議會通過提案，從此在中文名稱上使用長達六百年的「漢城」地名，就全面改成為「首爾特別市」。

由韓國人的個性很簡單就可以知道原因，想必是不喜歡那「漢」字。官方說法是倫敦不就是以「London」的讀音來命名，因此依國際慣例，不該拘泥於古來的地名。

傳說，首爾身為首都卻是意外的坡道很多，很多住宅建在山丘上，預約民宿時要留意。幾年前住宿的明洞民宿就在坡道上方，每次回家都要爬好多樓梯。尤其是冬天下雪的日子，要上下那些坡道還真是很驚險又吃力。

傳說，搭乘地鐵除非有自信，自己真的是有絕對的年齡數字，否則千萬不要輕易試圖坐在「優先席」、「老弱婦孺座位」上，不然難保不會被老人家看見被訓斥一番，韓國可是很尊重長輩的國家，常看韓劇的人應該很清楚。

傳說，在地鐵車廂內女生不能「蹺腿」，可是去了三至四次的觀察，是很少人這樣做沒錯，但是也不是完全沒女子蹺腿。傳說韓國女子在大庭廣眾下吞雲吐霧的抽菸同樣是會被厭棄，在咖啡屋最好不要抽菸，Milly 不抽煙，問題不大。

傳說，喝酒的習慣是不能自己給自己先倒酒，要幫上司、前輩、長輩倒酒。地位較低的那方，喝酒時要把頭轉過去。

那最年輕輩分最低的人不就一直沒酒喝？朋友的話似乎可以彼此幫對方倒酒，不必太鑽牛角尖啦。

傳說，韓國人初次見面都會問對方的年齡。乍聽好像真的沒禮貌，不過那是因為韓國人在對話中有敬語等用法，跟日文很類似。如果對方年齡較大，就不能在言語上失禮。

傳說，在首爾最容易混亂迷路的是位於三成的「COEX」商場，的確每回走進去都弄不清楚方向。

傳說，刨冰是韓國人喜愛的代表夏季點心之一。甚至說韓國從朝鮮時代就有刨冰，在碎冰上面加點冷卻的紅豆食用，是現今韓式刨冰的前身。

傳說，首爾二十四小時營業的店家很多。

的確，光是東大門那些服飾店，很多都營業到凌晨五、六點就讓人很驚訝。即使晚班機到達首爾，還是可以輕易找到營業到凌晨的搓泥澡堂，也同樣可以輕易的在三更半夜找到吃蔘雞湯的店家。不過某些大型超市、購物中心原本也是二十四小時營業，有些依照新法令已經略作改變，過了十二點的深夜後還是會關店，同時第二、第四個週日會公休。不過對愛買的觀光客來說，有不夜城般的東大門已經很充分。Milly 在桃園機場出發要去首爾的候機室，就看見一團師奶們計畫當天晚上就要到東大門血拚，說是要吃完飯後兩點出發，是深夜兩點喔，這在其他城市還真是少見。

傳說，韓國人的姓，「金」、「朴」最多。

基本上金、李、朴、崔、鄭是五大姓，這五大姓就占了人口的百分之五十。的確，即使是不熟悉韓國的人，也大多有印象這些姓是韓國很普遍的姓。

其他的首爾都會傳說還有：道路很寬，單向有三線道的也一點都不稀奇，可是跟其他首都類似，首爾塞車也是頗普遍的，移動時利用地下鐵還是最便捷的。

公寓很多或許這點跟香港很類似，就是在購物區的周邊也會看見很多高樓層的公寓，不像是其他大都會高層公寓會集中在市郊，應該是首爾人口密集的關係。

國家圖書館出版品預行編目資料

Milly的首爾情緒風景：不追韓星、不吃路邊小
吃、不去汗蒸幕，找到另一種品味首爾的方式
/ Milly 著.--初版.--

臺北市：平裝本. 2013.02 面；公分
（平裝本叢書；第376種）（iDO；66）

ISBN 978-957-803-850-9（平裝）

732.7609   101027245

 平裝本叢書第0376種

iDO 66

Milly的首爾情緒風景

不追韓星、不吃路邊小吃、不去汗蒸幕，
找到另一種品味首爾的方式

作　　者—Milly
發 行 人—平雲
出版發行—平裝本出版有限公司
　　　　　台北市敦化北路120巷50號
　　　　　電話◎02-2716-8888
　　　　　郵撥帳號◎18999606號
　　　　　皇冠出版社(香港)有限公司
　　　　　香港上環文咸東街50號寶恒商業中心
　　　　　23樓2301-3室
　　　　　電話◎2529-1778　傳真◎2527-0904

責任主編—龔橞甄
責任編輯—江致潔
美術設計—王瓊瑤
著作完成日期—2012年
初版一刷日期—2013年2月

法律顧問—王惠光律師
有著作權‧翻印必究
如有破損或裝訂錯誤，請寄回本社更換
讀者服務傳真專線◎02-27150507
電腦編號◎415066
ISBN◎978-957-803-850-9
Printed in Taiwan
本書特價◎新台幣350元/港幣117元

● 皇冠讀樂網：www.crown.com.tw
● 皇冠Facebook：www.facebook.com/crownbook
● 皇冠Plurk：www.plurk.com/crownbook
● 小王子的編輯夢：crownbook.pixnet.net/blog